D1808109

VICTOR HUGO,
UN TEMPS POUR RIRE

DU MEME AUTEUR

Alexandre Weill, Ecrivain contestataire et Historien engagé (1811-1899), Préface de Jean Richer, Strasbourg-Paris, Istra, 1980.

Le Rire dans l'univers tragique d'Elie Wiesel, Paris, Nizet, 1981.

Joë FRIEDEMANN

VICTOR HUGO, un temps pour rire

Ouvrage publié avec le concours
de l'Université Hébraïque de Jérusalem

LIBRAIRIE NIZET
SAINT-GENOUPH
2002

Aux bienheureux
Convaincus que
le monde appartient à ceux qui **rient** *tôt !*

INTRODUCTION

Dieu dit : « Certes, Sarah, ta femme, t'enfantera un fils et tu le nommeras Yitz'hak ... *Il rira* » (*Genèse,* 17, v.19).

Si, comme l'affirme Flaubert, "rien n'est sérieux en ce bas-monde que le rire"[1] et si, prémisse ou corollaire à cet aphorisme, c'est dans le rire, aux dires de Delphine de Girardin, que se trouve "la vérité"[2], une part essentielle de cette vérité sérieuse, au 19e siècle, échoit sans aucun doute à Victor Hugo.

La formule est connue. En 1840, décomposant son "moi" en

Olympio, la lyre.
Hermann, l'amour.
Maglia, le rire.
Hierro, le combat.[3]

l'écrivain avait cru bon de souligner les traits qui, à ses yeux, constituaient l'assise même de sa personnalité. Ce diagnostic, calqué sur les humeurs cardinales distinguées par Hippocrate, se

1. Dans une lettre à Louise Colet du 7 avril 1854. Cité par Jean- Paul Sartre dans *L'Idiot de la famille, Gustave Flaubert*, Paris, Gallimard, 1971, vol. I, p. 685.

2. "La vérité est dans le rire" in *Lettres parisiennes*, 19 juillet 1837.

3. Toutes nos références au texte de Hugo, sauf indication contraire, renvoient à l'édition du centenaire, coll. *Bouquins*, dir. Jacques Seebacher, Paris, Laffont, 1985. Voir vol. *Océan*, p. 263.

réfère à une recherche à structure introspective mettant en évidence les orientations fondatrices de l'œuvre, tout comme les prédispositions de son auteur.

"Gai, presque trop gai", notera Sainte-Beuve, en parlant de l'écrivain en 1830. La constatation, allant au delà du "sourire facile" et du "grand rire", signalés par Jules Janin en 1854, comporte une réserve, décelable également dans une lettre de Juliette Drouet du 6 janvier 1853 : "Je trouve que vous riez bien souvent pour un homme grave"...[4] Le rire hugolien n'y est pas seulement observé comme un trait de caractère positif, de niveau primaire, spontané, mais aussi comme un élément secondaire, porteur à la fois de ses affirmations, de ses limites et de ses contradictions, comme un symptôme d'un certain mode de pensée et de sentir, lieu de rencontre du superficiel et de l'essentiel.

Précédemment, Henri Guillemin, Jean-Bertrand Barrère, Anne Ubersfeld[5] ont dévoilé des aspects importants d'un concept qui, explicite ou implicite, affleure en maints endroits du corpus hugolien. Ils nous ont frayé la voie, mais ont laissé ample matière à une recherche complémentaire des modalités rieuses de l'œuvre et de leurs implications. Au niveau idéologique — est-ce aller trop loin que de le prétendre ? — nombre de conclusions auxquelles devaient arriver, à l' époque, de manière globale et théorique, des auteurs comme Hegel, Jean-Paul, Scudo, Lamennais, Stendhal, Baudelaire ou Dumont[6], sans exclure, bien entendu,

---

4. Henri Guillemin, *L'Humour de Victor Hugo*, Neufchatel, La Baconnière, 1951, p. 11-14 ; *Victor Hugo par lui-même*, Paris, Seuil, 1951, p. 28.

5. Jean-Bertrand Barrère, *La Fantaisie de Victor Hugo*, Paris, Corti, 1949 ; Anne Ubersfeld, *Le Roi et le bouffon*, Paris, Corti, 1974.

6. Hegel, *L'esthétique*, Paris, Aubier, 1944 ; Jean-Paul (Frédéric Richter), *Cours préparatoire d'esthétique (Vorschule zur Ästhetik, 1804-1813)*, Lausanne, L'Age d'Homme, 1979 ; P. Scudo, *Philosophie du rire*, Paris, 1840 ; F. Lamennais, *Esquisse d'une philosophie*, Paris, 1840-1846 ; Stendhal, *Molière, Shakespeare, La comédie et le rire*, Le Divan, 1930; Baudelaire, "De l'essence du rire et généralement du comique dans les arts plastiques" (1855), in *Œuvres complètes*, Paris, Seuil, 1968, p. 370-378 ; Léon Dumont, *Des Causes du rire*, Auguste Durant, Paris, 1862.

leurs prédécesseurs et certains de leurs successeurs, se verront illustrées intuitivement et concrètement dans le texte hugolien, et ce, dans un mûrissement progressif qui s'étendra sur plus d'un demi-siècle.

Les romantiques, en effet, ne devaient pas résister au besoin de faire de leurs écrits "une somme où tout fut dit"[7] ... L'œuvre de *fiction* de Victor Hugo, son *théâtre*, ses ouvrages *philosophiques* et *critiques*, sa *poésie* même, lui offriront, semble-t-il, des occasions, chaque fois renouvelées, d'affiner les nuances d'un rire qui, dans sa pensée, ne perdra jamais de son importance. Tout se passe comme si ce phénomène devenait la donnée intrinsèque d'une espèce de parcours initiatique se développant sur l'ensemble des écrits hugoliens, dans une recherche inlassable des composantes les plus secrètes de l'âme humaine.

A) Par souci de clarté, il serait bon de préciser en quoi notre recherche se démarque de celles amorcées par d'autres, dans des domaines limitrophes : le *grotesque* qui constitue le point de repère traditionnel, quand on parle de Hugo ; ainsi que la *fantaisie*, à laquelle Jean-Bertrand Barrère a naguère consacré une thèse monumentale, à juste titre remarquée.

Si la *fantaisie* est l'une des grandes veines d'inspiration du poète, elle se situe, à la fois, au delà et en deçà du rire. Au delà, car la fantaisie n'est pas seulement rieuse ... Et en deçà, car, n'étant pas orienté du côté de la spontanéité joyeuse uniquement, le rire semble la distancer dans bien des domaines. C'est pourquoi, la correction apportée par J.-B. Barrère à la formule hugolienne concernant Maglia, nous paraît sujet à réserve :

> Hugo, le premier nous invite à ne pas simplifier sa complexe personnalité poétique (...) Donc, "Maglia, le rire". Au risque de paraître impertinent, je reprendrai Hugo et corrigerai *rire* en *fantaisie*. S'il ne l'a pas fait, c'est qu'il voulait pour lui-même des figures de médaille, à l'emporte-pièce (...) Maglia est, on le sait, le personnage imaginaire auquel Hugo délègue les saillies et les

---

7. Léon Cellier "Chaos vaincu, Victor Hugo et le roman initiatique" in *Parcours initiatiques*, Neufchatel-Grenoble, 1977.

bons mots, les coq-à-l'âne et les calembours (...) et pour le dire, sa fantaisie[8].

Pour qui examine la variété polysémique, la richesse contrastée, ambivalente, dynamique du rire, à la fois comique et tragique, dans l'œuvre de Hugo, il est difficile d'admettre que le poète ait voulu attribuer à ce concept un sens aux contours indécis, ouvert seulement aux idées de fantaisie, d'ardeur juvénile, d'appétit de vivre, de liberté, d'imagination créatrice, d'extravagance, d'imprévu et de caprice. D'autant que certaines de ces caractéristiques peuvent aisément se greffer sur les deux autres composantes de la personnalité du poète, sur la *lyre* et *l'amour* ... C'est pourquoi, toute "impertinence" mise à part, nous préférons redonner au terme *rire* son sens premier, contrasté, chargé de la totalité de ses nuances.

La seconde démarcation n'est pas moins essentielle : celle qui rapproche, mais aussi, qui isole le rire, phénomène à "signification humaine"[9], du *grotesque*, "genre" ambivalent[10], inscrit dans les grands courants culturels de l'Occident, depuis le XVe siècle. Si, comme pour la fantaisie, on peut dire que le rire s'insère naturellement dans le grotesque, qu'il en constitue l'un des ingrédients principaux, il ne faudrait pas pour autant lui dénier une *existence en soi*, et tout caractère autonome. Dans le cas présent, il est certain que cette distinction est d'autant plus signifiante que le rire est traditionnellement considéré comme un épiphénomène du grotesque, et non l'inverse.

Notre analyse se situe, donc, dans une perspective rieuse restreinte, quitte en un deuxième temps, à en élargir le champ, là où

---

8. Jean-Bertrand Barrère, *op. cit.*, p. XXI.

9. Francis Jeanson, *Signification humaine du rire*, Paris, Seuil, 1950.

10. Dominique Iehl, *Le Grotesque*, coll. Que sais-je ? Paris, PUF, 1998. Orientation ambivalente, celle entre autres de Myriam Roman, dans sa communication "Poétique du grotesque et pratiques du burlesque dans les romans hugoliens", Groupe Hugo, Paris VII, 6 avril 1996. Communication à laquelle Myriam Roman ajoute une pénétrante analyse dans son ouvrage : *Victor Hugo et le roman philosophique. Du « drame dans les faits » au « drame dans les idées »*, chap. 2, "Les rires et les larmes", p. 95-116, Paris, Champion, 1999.

le grotesque, ou d'autres genres, comme le tragique ou le poétique, viendraient s'imposer comme motifs dominants. Point de vue plus étroit certes, mais qui ne nous force pas, pour autant, dans la voie de la seule "ironie romantique", cette "fausse naïveté", doublée d'une "terrible lucidité", dont l'étude de René Bourgeois nous offre un intéressant aperçu[11].

Loin de se rattacher à un concept rieur exclusif, l'examen du phénomène, dans l'œuvre hugolienne, s'inspire d'une optique plurivalente. Car le rire est un langage au signifiant originel, se ramifiant en une variété de signifiés ... Et c'est en tant que langage qu'il doit être décodé : non pas dans un but statistique, linguistique, stylistique ou purement taxinomique, mais dans une approche phénoménologique, destinée à montrer comment, mis en situation, il "affecte", selon l'expression de Jean Sareil, "la pensée d'un écrivain et l'économie d'une œuvre"[12].

B) Le moteur premier d'une approche thétique rieuse, c'est l'essence même du texte, comme porteur d'un message véhiculé par la pensée de son auteur, le rire n'étant "jamais dans l'art qu'un moyen, et non une fin"[13]. Pour atteindre son objectif et justifier sa raison d'être, l'écriture hugolienne présuppose, par conséquent, un choix de moyens d'expression aptes à transmettre ce message, et dont les résurgences thématiques, pour la plupart, se retrouveront tout au long de l'œuvre. Une lecture orientée met en relief la récurrence dominante de certains motifs et partant, de leur portée idéologique. En fait, c'est "l'effet raconté", corrolaire d'une certaine terminologie apparaissant dans l'œuvre et chez les personnages, associé à "l'effet produit"[14], en rapport avec le registre propre de l'auteur, qui nous intéressent au premier chef. Vue sous l'angle du rire, cette perspective permet de mettre en relief, à la fois, une philosophie, une morale, une esthétique, donc une atti-

---

11. René Bourgeois, *L'Ironie romantique*, P.U.Grenoble, 1974, p. 246.

12. Jean Sareil, *L'Ecriture comique*, Paris, PUF, 1984, p. 12.

13. Léon Dumont, *op. cit.*, p. 126.

14. Ceci, pour nous reférer aux termes, sinon à l'intention exacte de Jean-Paul, *op. cit.*, p. 160.

tude d'esprit qui, avec ses discordances et ses contradictions[15], concerne le "tout de la conscience humaine"[16].

Analyser ce rire, c'est tenter d'en définir le caractère syncrétique, par la description des éléments entrant dans sa composition :
— du point de vue de *l'auteur*, idéologue virtuel ou formel du risible, d'une part ;
— sur la base de *l'œuvre*, comme foyer et catalyseur du phénomène comique, d'autre part ;
— mais aussi, perspective vue de l'intérieur, du point de vue des *protagonistes*, en tant que porteurs d'un message ou énonciateurs d'un discours rieur inséré dans le texte.

Aller dans ce sens, dès lors, c'est chercher à se référer à des notions clairement définies, en évitant, autant que faire se peut, les ambiguïtés sémantiques et idéologiques, rattachées à un phénomène complexe, certes, mais dont les résurgences variées existent, quoi qu'on en ait. Nous ne sommes pas certain, surtout en matière d'analyse littéraire, qu'il faille considérer ces notions comme "des distinctions arbitraires ou abstraites", dont il faudrait "se dépouiller"[17]. Bien au contraire ... A titre d'exemple, et en préambule à d'autres précisions données en cours d'exposé: le *rire* qui est la source, la cause, le phénomène originel, d'essence anthropologique, sinon ontologique, ne saurait se confondre ni avec le *comique*, concept-ricochet, dont l'acception première et concrète recouvre ce qui fait rire ou qui prête à rire[18] ; ni avec *l'humour*, disposition d'esprit ludique plutôt qu'état de fait rieur, que l'on cite parfois, un peu hâtivement, en lieu et place des deux précédents concepts[19].

15. Marc Chapiro, *L'Illusion comique*, Paris, PUF, 1940, p. 18.

16. Francis Jeanson, *op. cit.*, p. 8.

17. Jean Duvignaud, *Le Propre de l'homme, Histoires du rire et de la dérision*, Paris, Hachette, 1985, p. 13.

18. Pour des éclaircissement en ce domaine, voir Jaqueline Picoche, "Le champ sémantique du verbe rire", in *Burlesques et formes parodiques, Biblio 17, Papers on French seventeenth century Literature*, Tübingen, 1987, p. 9-14.

19. Voir Henri Baudin, "Esthétique et comique, le ballet des incompatibles", *Humoresques*, n° 8, Paris, 1997, p. 9-18. De même, Jean Emelina, *Le Comique, essai d'interprétation générale*, Paris, Sedes, 1991, p. 5-8 ; p. 127-139.

Rire ou sourire des personnages, rire des choses, rire du dedans ou à propos, rire de l'auteur, humour et humour noir, rire noir, ironie, sarcasme, dérision, grotesque et burlesque, parodie, satire, rire d'accueil ou d'exclusion, inoffensif ou tendancieux, *vis comica* et *perfidum ridens* etc ... autant de concepts fluides, accompagnant les écrits de Hugo dans une représentation pluritonale, et que, point de départ de notre recherche, une méthode d'investigation appliquée dans des études précédentes sur le rire en rapport avec la *Schoah*[20], se doit de débusquer et, si possible, d'expliciter.

C) Notre essai se justifie par conséquent, au premier chef, par la connaissance au niveau du texte, d'un terrain à défricher, celui du champ onomasiologique du *rire* et de ses *dérivés*, inscrits dans l'ensemble de l'œuvre[21]. Sans prétendre à une exactitude d'ordinateur et sans nous référer, de manière précise, aux méthodes de la linguistique quantitative, nous avons procédé à un inventaire statistique de certaines constantes de vocabulaire et de notions clés dans *plusieurs* des ouvrages analysés. Notre étude du thème rieur dans les écrits de Hugo n'ayant pas d'ambition exhaustive, nous proposons ci-dessous, et à titre d'illustration, quelque *exemples* de cette démarche chiffrée, les données étant répertoriées sous plusieurs rubriques :

a) le champ *étroit* du rire, dans un contexte synonymique presque pur.

b) un champ plus *large*, à sémantisme mitigé, se référant en particulier à une moquerie légère ou plus appuyée.

---

20. Joë Friedemann, *Le Rire dans l'univers tragique d'Elie Wiesel*, Paris, Nizet, 1981. — "*Le Dernier des Justes* : de l'humour au ricanement des abîmes", *Les Lettres romanes*, t. 42, 1988, p. 97-112. — "De l'insouciance à la brisure : le rire dans les romans d'Anna Langfus", *Cahier Comique Communication*, n° 3, Grenoble II, 1985, p. 93-111.

21. Nous avons trouvé confirmation de la méthode de recensement lexical dans l'ouvrage de Maurice Ménard, *Balzac et le comique dans la comédie humaine*, Paris, PUF, 1983. On se réfèrera également à Etienne Brunet, *Vocabulaire de Hugo*, Paris-Genève, Champion-Slatkine, 3 vol., 1988.

c) des rubriques intégrant des vocables à désignation rieuse éventuelle dans des champs sémantiques *mitoyens*, formant ensemble des "complexes thématiques", des "réseaux"[22], et dont nous avons limité le nombre, la connotation du rire de certaines lexies nous paraissant parfois subsidiaire.

L'examen partiel des données (substantifs, verbes, adjectifs) met en relief les fréquences lexicales, relativement au nombre de pages de chacun des titres choisis :

1. Récurrence étroite

	Han	*Bug*	*Jour*	*N.Dame*	*Misér.*	*Contemp.*	*H.rit*
Pages	270	116	53	362	1147	305	433
Rire	104	32	26	122	243	136	234
Hilarité	1						9
Pouffer[23]					4		9
Ricaner	5	17	2	11	7	2	12
Sourire	65	12	6	78	183	61	52
Totaux	175	61	34	211	437	199	316

22. Cf. P. Brunel, Cl. Pichois, A.-M. Rousseau, *Qu'est-ce que la littérature comparée* ? Paris, Colin, 1983, p. 121. Egalement, Charles Mauron, *Des métaphores obsédantes au mythe personnel*, Paris, Corti, 1962.

23. Avec ses synonymes : se tordre, gouailler, désopiler, se rouler, trépigner ...

2. Récurrence étendue

	Han	*Bug*	*Jour*	*N.Dame*	*Misér.*	*Contemp.*	*H.rit*
Ironie	9	1		7	17	6	11
Sarcasme	5			3	8	4	6
Raillerie	12	4	1	9	16	12	1
Malice	4	3		5	4		6
Dérision		2		3	6	5	8
Cynisme		1			5	2	3
Moquerie	3			2	6	5	8
Satire						1	
Fun,cant							4
Humour					1		1
Drôle	9						11
Comique					4		3
Grotesque	3	3	1	6	3		2
Burlesque	3	2	1	6	3		2
Fantaisie	2						4
Totaux	**50**	**16**	**2**	**35**	**71**	**30**	**64**

3. Champs mitoyens

	Han	*Bug*	*Jour*	*N.Dame*	*Misér.*	*Contemp.*	*H.rit*
Joie	36	18	8	33	118	82	56
Gaieté	20	5	3	15	91	18	29
Fou		8		25			
Bouffon[24]			17		27	3	91
Grimace		3		24	8	1	8
Parodie		2		2	3		4
Masque		1		2	27	14	29
Comédie		1		9	3	2	8
Carnaval					10		
Farce					18	1	5

Un tableau synoptique consignant une partie de ces résultats permettra de nous forger une impression plus précise du champ notionnel étudié.

24. Avec ses synonymes : clown, bateleur, saltimbanque, turlupin, pantin, arlequin …

4. Tableau synoptique

Œuvres	Nbre de pages	Récurrence lexicale			Récur. Moy. Par Page
		Etroite	Etendue	Totale	
Han d'Islande	270	175	50	225	1,2
Bug Jargal	116	61	16	77	1,5
Dernier jour	53	34	2	36	1,4
Notre-Dame	362	211	35	246	1,4
Misérables	1147	437	71	508	2,2
Contemplations	305	199	30	229	1,3
Homme qui rit	433	316	64	380	1,1
Totaux	**2686**	**1433**	**342**	**1701**	**1,5**

Fait d'évidence : la démonstration chiffrée met en relief la récurrence impressionnante du champ lexical rieur dans les ouvrages recensés, étant entendu que ces résultats, parce qu'incomplets, ne revêtent qu'une signification *partielle*, dans l'œuvre hugolienne[25].

Les 2686 pages de ce corpus incluent un total de 1433 mots, rappelant le rire et le sourire dans un contexte de synonymie *étroite*. Ce chiffre, ajouté à 342 termes de synonymie *étendue*, permet d'obtenir un *total* de récurrence de 1701 lexies. La moyenne obtenue sera d'*un mot* rieur toutes les 1,5 pages, la répartition de

25. Pour ne pas être en reste, nous avons procédé au dépouillement partiel de deux autres romans où la récurrence du thème rieur se révèle être moins manifeste. Dans *Les Travailleurs de la mer* (294 p.) publiés trois ans avant *L'Homme qui rit*, la récurrence étendue est de 67 termes, avec une moyenne d'une lexie pour 4,3 pages. Dans *Quatre-vingt treize* (275 p.), le dernier roman de Hugo, la récurrence est de 76 lexies, donc une moyenne de 1 pour 36 pages.

ces mots clefs se présentant, cela va sans dire, de manière non uniforme, irrégulière, asymétrique.

Sur cette constatation, éloquente en soi, viennent se greffer en outre plusieurs observations secondaires, certaines non dénuées de paradoxe. On remarquera :

— la récurrence prépondérante du *rire* (976), par rapport à celle du *sourire* (457).

— la présence du thème rieur dans *Le Dernier Jour d'un condamné* et dans *Les Contemplations*, avec une moyenne équivalente à celle des autres ouvrages.

— la densité relativement considérable de l'orientation moqueuse, donc tendancieuse, du concept rieur, de l'*ironie* au *fun* et au *cant* (209).

— le peu de place occupé par les termes : *grotesque* (18), *comique* (7), *humour* (2) et *fantaisie* (6).

— l'importance de la *joie* (351), de la *gaieté* (181), de la *folie* (33), des thèmes du *bouffon* (138), mais aussi du *masque* (73) et de la *grimace* (44).

Il faut se garder, évidemment, d'attribuer à l'élément lexical et statistique une importance qu'il n'a pas, de privilégier par là-même la forme aux dépens du fond. Si la nomenclature constitue souvent une assise solide, elle ne saurait remplacer une analyse d'ensemble devant tenir compte de données, non répertoriables dans des tableaux chiffrés, de l'ordre du projet de l'écriture, de l'orientation et des diverses nuances du texte. L'effet rieur, dans ses acceptions variées — Jean-Paul l'avait déjà souligné — n'est pas lié déductivement à l'emploi d'un vocabulaire spécifique :

> (...) l'humour et même la verve burlesque détestent l'exhibition bavarde du comique (...) Plus les mots *amusant, risible, humoristique* reviennent dans une œuvre comique, moins elle l'est : de même qu'une œuvre sérieuse, par une accumulation d'*émouvant, admirable, destinée, monstrueux*, ne fait que raconter le fait sans le produire[26].

---

26. Jean-Paul, *op. cit.*, p. 160.

Victor Hugo serait-il un écrivain comique ? Si la question semble s'imposer, la réponse, elle, n'est pas immédiatement évidente. En effet, même s'il arrive à l'auteur du *Roi s'amuse* et des *Châtiments* d'écrire des passages entiers pleins d'humour ou d'ironie, de se référer à Rabelais, Shakespeare, Molière, d'avoir des accents qu'il serait difficile à Voltaire de récuser, les choses, nous le verrons, s'avèrent chez lui beaucoup plus nuancées ... Car on a tendance, parfois trop rapidement, nous l'avons dit, à amalgamer rire et comique, à ne pas tenir compte des nombreuses conjonctures de l'existence, où le rire jaillit et où il n'y a rien de drôle. De manière plus précise — il appartiendra, en particulier, à certains auteurs du courant fantastique et frénétique de le relever — on peut rire, sans pour cela éprouver le sentiment du risible, le phénomène étant parfois provoqué par un stimulus qui, telle la souffrance, n'est pas de prime abord, producteur d'hilarité[27]. Une cause commune, liée à l'existence du mal et de la difformité, rapprocherait-elle le rire, la colère et les larmes, et serait-elle à l'origine de cette crispation du visage, caractéristique chez l'homme de l'une ou l'autre de ces émotions ?[28] A tous égards, "le bacille du rire", comme le dit Arthur Kœstler, "est difficile à isoler"[29] ... Et la quête de Victor Hugo, plus que toute autre peut-être, en apportera le témoignage.

Conscient des difficultés de la méthode et des réserves que peut susciter ce choix, nous avons privilégié l'exposé *diachronique*, la mise en relief des divers points de l'analyse, en suivant la chronologie des œuvres du corpus. Il nous semble, en effet que, mettant l'accent sur un aspect particulier du thème rieur, chacun des ouvrages étudiés marque une étape complémentaire dans

27. Léon Dumont, *op. cit.*, p. 8.

28. Victor Laprade, *Questions d'art et de morale*, « De l'ironie et des genres comiques », Paris, 1861, p. 327 ; Joë Friedemann, "De Melmoth à Gwynplaine : Aspects du rire noir romantique", *Littératures*, P.U. du Mirail-Toulouse, 22, 1990, p. 65-81.

29. Arthur Koestler, *Le Cri d'Archimède, L'Art et la découverte de l'art*, Paris, Calmann-Lévy, 1965, p. 18 ; Jean Sareil, *op. cit.*, p. 7.

l'évolution de la pensée de l'auteur en ce domaine, le tout attestant, comme déjà dit, une espèce de parcours initiatique où devait s'engager Victor Hugo, dès l'orée de son œuvre[30].

30. Comme complément aux notes 18 et 19, les *définitions* de deux notions fondamentales, que l'on a souvent tendance à confondre, demandent, elles aussi, à être précisées, pour les besoins de l'analyse : *l'humour* et *l'ironie*, pris dans leur sens le plus large.

— « L'humour transige et se montre indulgent (Pirandello) ... Le vrai humour est une forme d'esprit qui exclut l'argument *ad hominem*, donc la méchanceté (...) C'est l'esprit avec quelque chose en plus (...) la bienveillance des intentions ou, tout au moins, l'esprit de tolérance (...) le rire de l'humour n'est pas celui de la dérision, de la supériorité, mais celui de la complicité (Escarpit) ... Une étincelle qui voile les émotions, répond sans répondre, ne blesse pas et amuse (Max Jacob) ... La capacité qu'ont certains individus de rire de soi (E.Blondel) ... Faire de l'humour, c'est rire *avec les autres* (Carlo M. Cipolla)… L'humoriste fait toujours un peu partie de l'objet de son humour » (Dominique Noguez).

— Dans l'ironie, « il y a quelque chose de persifleur et d'acerbe (Pirandello) ...L'ironie est moquerie, elle agresse, elle vise un personnage victime, elle est critique. Elle est donc tendancieuse (Escarpit) ... L'ironie blesse parce qu'elle marque la lucidité supérieure de son auteur (E.Blondel) ... Faire de l'ironie, c'est rire *des autres* (Carlo M. Cipolla) ... L'ironiste se coupe absolument de ce dont il ironise » (Dominique Noguez) .

CHAPITRE I

HAN D'ISLANDE ... UN PREMIER "HUMOUR" HUGOLIEN

> Je veux ainsi qu'un ours dans mon trou solitaire
> Penser avec Pascal et rire avec Voltaire,

note le poète dès 1819[1], posant ainsi, à l'orée même de son œuvre, les fondements d'un mode de pensée où se retrouvent les composantes essentielles d'une réflexion à résonance philosophique. Très tôt, semble-t-il, mise en question des données premières, le rire chez Victor Hugo implique une observation pénétrante, ainsi qu'une prise en compte du sérieux du phénomène, associée à l'indépendance fondamentale de la fonction créatrice.

Les biographes ne se sont pas fait faute de le souligner ... Hérédité, impacts de toutes sortes, expériences de l'enfance et de l'adolescence allaient marquer de leur estampille l'évolution du poète en ce domaine : la *jovialité* d'un père, « ce héros » dont il exaltera plus tard le "sourire si doux" [2]; la première approche du *grotesque* avec le monstre-bouffon de l'horloge de la cathédrale

---

1. *Poésie* I, Laffont, *Premières publications*, "L'enrôleur politique", p. 11.
2. "Après la bataille", *La Légende des siècles*, 1ʳᵉ série, *Poésie* II, p. 789.

de Burgos[3]. Mais de loin plus essentielle, la formation intellectuelle, Lucain et son goût des *antithèses*, Juvénal et *l'ironie*, la lecture de Tacite, Rabelais, Dante, Shakespeare, Molière, Beaumarchais, Sterne et Voltaire ... Autant d'influences qui, parmi d'autres, fortifieront chez l'auteur des tendances précoces à la *satire* et à la *parodie*.

D'un autre côté, comme l'on sait, au début des années vingt, Hugo subit une épreuve, douloureuse, comparable à celle causée naguère par la mésentente de ses parents : l'opposition à ses amours avec Adèle à laquelle il se heurte chez sa mère et dans la famille Foucher. De là, à cette époque, et en contraste avec sa nature profonde, un visage sévère que rien, ou presque, ne parviendra à dérider[4]. Pour "compenser l'absence" de l'aimée, Hugo entreprendra alors la rédaction de son premier roman : espèce de psychodrame individuel où s'ébauchent, au delà des problèmes personnels, bon nombre de questions qui commencent à se poser au jeune poète. Parmi lesquelles, et à une place de choix, la combinaison dans un même texte, donc dans une même conjoncture, d'un rire omniprésent, avec un imaginaire, voire une réalité, empreints de cruauté, de deuils et de larmes.

Cette réalité, au plan général, est celle d'une génération ayant vu le jour à une époque bouleversée : la Révolution et la Terreur, l'Empire, ses guerres interminables, ses tableaux de violence qui devaient laisser dans la jeunesse le goût du pathétique et l'imprégner parfois d'une vision sombre de l'existence[5].

La prise de conscience réelle du phénomène rieur, en tant que concept idéologique fondateur de la pensée hugolienne, se situe

---

3. On se reportera entre autres, à Edmond Biré, *Victor Hugo avant 1830*, Paris, Perrin, 1895 ; André Maurois, *Olympio ou la vie de Victor Hugo*, Paris, Hachette, 1954 ; Géraud Venzac, *Les Premiers maîtres de Victor Hugo*, Paris, Bloud et Gay, 1955 ; Pierre Flottes, *L'Eveil de Victor Hugo* (1802-1822), Paris, Gallimard, 1957 ; Alain Decaux, *Victor Hugo*, Paris, Perrin, 1984.

4. Alain Decaux, *op. cit.*, p. 198.

5. Voir Françoise Sylvos, "Faux rires romantiques", *Humoresques*, 8, Paris, 1997, p. 59-68.

par conséquent à cette époque. " Il y aurait pourtant quelque injustice à ne trouver dans les annales du monde qu'horreur et rire"[6], remarque l'écrivain dans le cadre d'une première réflexion sur Voltaire. Le ton est donné d'entrée de jeu, bien que, en un sens, la remarque s'oppose au schème associatif, reliant le "bouffon" au "terrible", qui étaiera, quelques années plus tard, l'idéologie grotesque de l'écrivain. L'optimiste Démocrite et le pessimiste Héraclite, auxquels le poète se référera à maintes reprises par la suite, mais de manière différente,

> ces hommes qui nous font tant rire deviennent profondément tristes. Ces Démocrites sont aussi des Héraclites[7],

sont considérés au début comme des "fous" qu'il est vain de vouloir rapprocher (*Journal*, 68). Les concepts combinés de "drame" et de "comédie", de "rire" et "d'horreur" n'ont pas encore, semble-t-il à ce moment-là, l'importance que leur confère le premier manifeste romantique (*Préface*, 14). Cette manière disjonctive de voir les choses, sera reprise peu après, dans des termes qui en accentuent encore le caractère antinomique :

> Proëthès et Cyestris, vieux philosophes, dont on ne parle plus que je sache, soutinrent jadis, contradictoirement, une thèse à peu près oubliée de nos jours. Il s'agissait de savoir s'il était possible à l'homme de rire à gorge déployée, et de pleurer à chaudes larmes, tout à la fois. Cette querelle resta sans décision et ne fit que rendre un peu plus irréconciliables les disciples d'Héraclite et les sectateurs de Démocrite (*Journal*, 70).

S'il "faut prendre au sérieux *Han d'Islande*"[8], c'est sans doute, dans cette conjoncture paradoxale, expérimentée sur le tas et la première fois par Victor Hugo : son engagement dans un monde que d'aucuns définissent comme grotesque, et dont *La Préface de Cromwell* viendra conceptualiser une partie des conclusions. Une cinquantaine d'années sépare *Han d'Islande*, œuvre "de très jeune

---

6. *Journal d'un jeune Jacobite*, vol. *Critique*, p. 68.

7. *Préface de Cromwell*, vol. cit., p. 18.

8. Yves Gohin, "Présentation" de *Han d'Islande*, Œuvres complètes de V. Hugo, sous la direction de Jean Massin, II, 1967, p. 55-84.

homme"[9], de la publication de *L'Homme qui rit*. Si la thématique du rire, dans ce dernier ouvrage procède d'une réflexion en pleine maturité, il ne fait aucun doute qu'un grand nombre de ses motifs se trouvent déjà en gestation dans le premier roman de l'écrivain.

1. De l'humour noir au burlesque.

Le tragique et la frayeur qui entrent dans la structure de l'intrigue de *Han d'Islande* se heurtent d'emblée aux résurgences multiples de la fantaisie hugolienne, à la source même de son inspiration. Les romans terrifiants de Maturin, Walpole, Ann Radcliffe, Lewis, Hoffmann, ceux de Nodier étaient alors à la mode en France, on le sait[10]. A la fois impressionné par l'envergure, la portée de ces récits et amusé de leur caractère excessif, Hugo allait s'essayer à ce genre nouveau, mais en lui apposant un cachet original et ludique. Tout se passera comme si, embarrassé de la mainmise du tragique sur le récit, l'auteur l'avait coiffé, à la volée, d'une superstructure comique, pour en alléger l'atmosphère :

> Je m'assiérai près de vous tandis que vous raconterez quelque histoire agréable pour tromper le temps,

souligne l'épigraphe au 2ᵉ chapitre, en référence à Charles Maturin, auteur de *Melmoth ou l'homme errant* (17). Victor Hugo, c'est certain, n'a aucune intention de se laisser submerger par l'épouvante.

Preuve à la fois paradoxale et symptomatique : la première œuvre de fiction de l'écrivain s'ouvre sur une scène macabre où le réalisme le dispute au surréalisme, où "la mort dans toute son

---

9. *Han d'Islande,* préface, p. 3. Les citations et renvois à *Han d'Islande,* dans le corps de l'étude, se réfèrent à l'édition Laffont. Ils seront signalés entre parenthèses par l'indication des pages.

10. Marcel A. Ruff, "Maturin et les romantiques français", introd. à *Bertram ou le château de Saint-Aldobrand,* Paris, Corti, 1955 ; Maurice Lévy, *Le Roman gothique anglais,* Paris, Fac. Lettres, 1968 ; Claude Fierobe, *Charles Robert Maturin (1782-1824),* Univ. Lille III, 1979.

horreur" (12) devient sujet de discussions plaisantes, de comparaisons facétieuses et de rires. Mécanisme d'auto-défense sans
doute, mais aussi orientation idéologique ... Le jeune Hugo semble
manifester une volonté délibérée de choquer ses lecteurs, bardés
de conformisme bourgeois et de préjugés classiques. Les diptyques
traditionnels : amour-mort, fidélité-trahison, masculin-féminin
feront l'objet d'un débat caricatural dans un environnement
funèbre, assez peu adapté, à dire vrai, au respect des bienséances.

L'*insoutenable*, combiné à la *volonté comique*,

> La plaisanterie avec l'insupportable (...) jeu d'accoutu
> mances, défense peu à peu renforcée devant les agressions les
> plus dures subies par notre sensibilité affective[11],

tous les ingrédients de *l'humour noir*, "ennemi mortel, selon Breton, de la sentimentalité à l'air perpétuellement aux abois"[12], sont
réunis dans les premières pages de *Han d'Islande*. De là, l'emphase de caractère parodique qui s'y dévoile, dans le but de dédramatiser l'horreur et de démystifier le fait de s'y complaire parfois.

A) C'est dans cet esprit qu'il faut jauger la place que tient
dans le roman, le *bourreau,* personnage hugolien privilégié d'une
série de plaidoyers futurs contre la peine de mort, et dont Orugix
présente ici la première mouture : un bourreau faisant partie de la
panoplie traditionnelle des romans gothiques mais dont l'écrivain
— et c'est là son originalité — fera un protagoniste plus comique
que tragique, sinon pour les suppliciés ... du moins pour les
lecteurs.

Mystérieux, effrayant, Orugix, l'exécuteur des hautes œuvres
ne l'est, en fait, que pour Spiagudry, le malheureux concierge du
Spladgest, guetté par l'erreur judiciaire irrémédiable. Son appari

---

11. Henri Baudin, "Comique et affectivité : l'humour", *Cahier Comique
Communication*, 3, Grenoble II, 1985, p. 130-150. Voir également Dominique
Noguez, *L'Arc-en ciel des humours*, poche, Paris, Libr. Génér. Française, 2000,
p. 140-159.

12. André Breton, *Anthologie de l'humour noir*, poche, Paris, J.J. Pauvert,
1966, p. 16.

tion, précédée par l'entrée en scène de sa femme, caricaturale dans sa laideur, et de deux moines (dont un faux), réminiscences parodiques du même courant gothique, se fait sur fond d'horreur, mitigée de l'humour de l'auteur et d'hilarité rabelaisienne. Sans doute, les "proportions colossales" du bourreau, sa "tête énorme" et surtout, image récurrente chez le poète, sa "bouche grande et profonde", aux "lèvres noires comme les bords d'une plaie incurable", s'entrouvrant sur "un rire hideux" (72), sont représentatifs d'une entrée en force, dans l'œuvre hugolienne, d'une symbolique *grotesque* naissante ... Mais il s'agit là d'un grotesque formel, dont la représentation conceptuelle dans le texte demeure ironique et empreinte d'un *humour noir* dont Hugo donne, en cours de récit et de manière indirecte, sa propre définition :

> des paroles dont l'horreur, contrastait avec la tranquillité effrayante et l'atroce gaieté de celui qui les prononçait (76).

L' épisode est virtuellement insupportable. Hugo réussit cependant à le transformer en péripétie éminemment *comique* : par l'emploi renforcé des *quiproquos*, la description par le menu des réactions terrifiées de Benignus Spiagudry, opposées au calme olympien d'Ordener et au style détaché du narrateur. Il est évident que l'écrivain s'amuse, en faisant ironiquement de Nychol Orugix un bourreau ironique et jovial, "un bon diable (…) disert narrateur", qui vante avec esprit les avantages de sa profession. Orugix éclate de rire, boit à la santé de la vie et de la mort, narre ses mésaventures d'exécuteur de province, ses mises à mort manquées, et les supplices réservés aux sacrilèges. Bref, une horrible "gaieté" d'un homme qui se définit comme "aussi heureux qu'un autre (...) je bois, je mange, je pends, je dors" (80).

Insensibilité ou inconscience ? Volonté délibérée, plutôt. Visiblement, l'oxymore s'avère ici prémisse à l'inspiration hugolienne. Le bourreau, en effet, n'est pas seulement un visage, il est également un masque. Son "rire pesant (...) gros et sinistre" mais non dénué d'esprit (215-217), c'est aussi celui du désabusement et de la lucidité de l'homme, au regard d'une réalité tragique sur laquelle il n'a aucun contrôle. De manière curieuse, mais indubitablement dans une intention ludiquement anticonformiste, le bourreau a été choisi par Hugo, et humour noir interposé, comme exemple d'ironiste romantique en gestation, avec son "sens du jeu" et sa double nature[13] :

> je ris de tout, dit-il, même de cette pauvre femelle (sa femme) qui a été bohémienne et que la solitude rend folle (79).

Deux des sommets de cet humour noir, "*Galgenhumor*"... "humour de potence", le bien nommé, selon la définition que lui donnera plus tard Freud[14], se trouvent en fin de récit dans la surenchère verbale où se lancent Orugix et le monstre Han, décrivant les plaisirs macabres de leurs occupations respectives (258) ; et dans l'ironie féroce dont fait montre le bourreau, venu exécuter, sur ordre du roi ... son frère Musdoemon (264-267) !

B) Esquisse hugolienne dans le domaine de l'humour noir, *Han d'Islande* constitue également une première expérience en matière de *comique bouffon* ... Hésitation dans la voie à choisir ? Ou, une fois encore, expression d'une pensée en train de mûrir ? Le texte donne l'impression d'osciller entre deux pôles : celui d'un certain *burlesque* classique, "recherche systématique d'un comique outré"[15], caractérisé par une "esthétique protéiforme", où se mêlent "l'outrance" et la "discordance" avec leurs satellites, la "farce", la "charge", la "truculence" et la "fantaisie verbale"[16] ; et celui du rire *grotesque* en latence, et dont les canons seront esquissés partiellemment plus tard, dans la *Préface*.

---

13. René Bourgeois, *op. cit.*, p. 245. Dans la préface au *Dernier jour d'un condamné*, Hugo prend le bourreau à partie sur le ton de la dérision (*Roman* I, p. 407).

14. Siegmund Freud, *Le Mot d'esprit et sa relation avec l'inconscient*, Paris, Gallimard, 1988, p. 400.

15. Francis Bar, *Le Genre burlesque en France au 18ᵉ siècle. Etude de style,* Paris, Edit. d'Artrey, 1960, p. IX-XXXIII.

16. Dominique Bertrand, "Le burlesque : une esthétique des limites", *Humoresques*, n° 8, 1997, p. 22. Voir également *Burlesques et formes parodiques*, Actes du colloque du Mans, éd. Y. Landy-Houillon, et M. Ménard, *Biblio 17. Papers on French seventeenth century literature*, n° 33, Tübingen, 1987 ; *Poétiques du Burlesque*, Actes du colloque de Clermont Ferrand, éd. J.M. Defays, 1997.

On pourrait établir un rapport entre la découverte faite par Rabelais du comique populaire au 16e siècle, et l'approche du rire et de ses différentes nuances, au début de la carrière de Victor Hugo. Si le poète n'a pas encore, à cette époque, une conscience précise de toutes les expressions rieuses, il est certain que dans *Han d'Islande*, apparaissent déjà en force des rites comiques spéciaux, en rapport avec les personnages du *bouffon*, du *nain* et du *monstre*, dont certains, dans une intention parodique évidente. Le rire de Hugo, dans ce premier ouvrage, ne s'engage pas encore sur la voie du général et de l'universel, il n'atteindra l'essence même des choses que beaucoup plus tard. Pour le moment, c'est l'équivoque entre la fibre "railleuse" et la fibre "allègre", brouillées de "noir", qui semble être représentative à la fois de l'homme Hugo et de son œuvre naissante.

L'élément comique populaire, réminiscence dans un certain sens de la tradition médiévale, son tour drôle, joyeux, rabelaisien, a pour objet, comme l'humour noir, de vaincre le "terrible". Un des traits marquants de ce courant apparenté au *burlesque*, on le sait, est le rabaissement au plan matériel et corporel — à l'aide d'un rire que Bakhtine fait dériver du carnaval — de certains éléments élevés, idéaux ou abstraits[17].

D'emblée, à la différence du bourreau, personnage risible, mais en un deuxième temps seulement, Spiagudry, "grand cadavre, gardien de cadavres (...) à la grimace aimable", apparaît comme un caractère à singularité comique : sa vue, son allure dégingandée, son accoutrement provoquent le rire de son entourage. N'est-il pas lui même "défiguré", comme le sont ceux dont il a la garde ? (13). Espèce de savant fantaisiste et autodidacte, le concierge de la morgue est un Maitre-Jacques de culture éclectique rabelaisienne. Tout dans son excentricité atteint des dimensions extrêmes : amour de la vie, cupidité, gesticulations, une "hilarité" même qui est "risible" (111). Son langage fleuri fourmille de listes d'érudition bouffonne, de comparaisons et métaphores humoris-

17. Mikhaïl Bakhtine, *L'œuvre de François Rabelais et la culture populaire au Moyen Age et sous la Renaissance*, Paris, Gallimard, 1970, p. 82-104.

tiques, entremêlées de citations latines, de calculs, de conclusions pseudo-scientifiques, sur fond de sagesse populaire et de croyances superstitieuses (108-112). *Homo duplex*, rusé et pitoyable, à la fois repoussant et presque fascinant (44-49), Spiagudry semble pourtant susciter, et en filigrane chez son créateur, une attitude ambivalente à l'égard du genre burlesque qu'il représente : une certaine estime pour "l'esprit mobile (..). sans cesse entraîné dans un tourbillon d'idées diverses" (117) doublée de réticence et d'un agacement railleur pour le "fatras scientifique" (119) qui s'en échappait continuellement.

Motif majeur de l'œuvre, apparenté au quiproquo, le thème du *masque* et du *déguisement* est l'un de ceux où se révèle avec richesse, l'essence profonde du burlesque traditionnel. Selon Bakhtine, ce motif représente la vivacité des alternances et des réincarnations, la joie de la vie, ses parodies, ses grimaces et ses caricatures. Avec le Romantisme, comme l'on sait, le thème évolue vers la *dissimulation*, il perd son aspect rénovateur pour prendre une nuance plus lugubre[18]. Le déguisement de Spiagudry semble trouver place à mi-chemin entre ces deux extrêmes. Il assume d'une part, la nuance familière, celle du *burlesque,* fusion des déguisements carnavalesques où toute unité est rompue : vêtement noir de grammairien, perruque, emplâtre, vermillon sur les joues, bottes de postillon ... qui transforment le personnage en pitre ridicule (71). D'autre part, et sans pour autant devenir encore symbole d'aliénation, le masque bouffon du gardien de la morgue revêt, en fin de récit, une apparence sinistre qui le rapproche d'un *grotesque plus moderne*, tragique. Le travestissement du pauvre concierge ne lui permet pas d'échapper aux griffes de Han et ne servira, en fait, qu'à l'identification de son cadavre (249-250). Certes, il n'est pas toujours aisé de faire la part, dans ce personnage, de l'élément parodique, du pastiche satirique, du travestissement burlesque ou héroï-comique. Le comique dans ce cas là, ne serait-il, comme le dit Genette, "qu'un tragique vu de dos"?[19].

18. Bakhtine, *ibid.,* p. 48-49.
19. Gérard Genette, *Palimpsestes*, Paris, Seuil, 1982, p. 17.

Si la charge bouffonne, truculente, haute en couleurs reste prédominante, elle se mêle ici à la "discordance" de l'humour noir, dans une fusion quasi caricaturale de plusieurs tonalités dont il sera encore plus malaisé, par la suite, d'identifier les limites respectives, de par leur alliance avec la nuance satanique.

C'est pourquoi, la première rencontre de Spiagudry avec Han, sur fond de cadavres défigurés, est décrite comme un tableau à la fois bizarre et "hideux" : la maigreur, la gaieté grimaçante, les frayeurs de l'un, contrastant avec la taille râblée, la violence sanglante et les rictus sardoniques de l'autre (34-35). En fait, à mesure que le drame se précise, l'effroi du "pauvre et malencontreux" concierge (109) perd de sa charge comique. La bouffonnerie s'éloignant de l'enjouement pour aller s'unir au rire terrifiant romantique, la réticence initiale de l'auteur à l'endroit du gardien de la morgue évoluera vers l'indulgence et la commisération. A cet égard, la rencontre ultime des deux protagonistes semble des plus significatives :

> Tout à coup, son visage *grotesque* (celui de Spiagudry) passa, en un clin d'œil, de l'expression d'une *joie folle,* à celle d'une *terreur* stupide.

Le "grand *cri*" du gardien de la morgue vient se fondre dans "l'effroyable éclat de *rire*" (126-127) du monstre qui le précipite dans l'abîme[20]. La joie bouffonne s'évanouit dans l'hilarité de l'ombre. Devant les assauts du grotesque "horrible", le burlesque n'a pu résister ... Il passera au second plan.

2. Entre le grotesque et le rire maléfique

Victor Hugo semble en apporter le témoignage en raccourci : au grotesque à nuance "burlesque", héritage du Moyen Age et de la Renaissance, succède à l'époque préromantique et romantique, un autre grotesque, doté d'une signification radicalement différente, de par sa perspective subjective, individuelle, très éloignée

---

20. C'est nous qui soulignons.

de la vision populaire des siècles précédents. Conjugué à la perception de "l'inquiétante étrangeté" d'un monde[21] où l'individu vit avec la conscience aiguë de son isolement, le rire, cessant d'être allègre, joyeux, générateur, se crispe et prend progressivement la forme de l'*ironie*, du sarcasme, du cynisme, d'une *hilarité noire*[22] négativiste et destructrice. En un sens, il y a *dégénérescence* du principe comique. Le beau régresse devant le laid, le difforme et l'horrible prennent de plus en plus d'ampleur, la nuit gagne du terrain et fait surgir le mélancolique, le *sombre, l'hostile*, l'étrange et l'infernal[23].

Expression d'aliénation, mêlée de douleur souvent, le rire explose par surprise, comme un spasme. Existe-t-il un phénomène plus foncièrement inquiétant que ce premier rire dans *Han d'Islande*, éclatant soudain à la vue de l'insolite, devant les cadavres d'une morgue ? D'emblée, un lien se forge entre l'hilarité et le royaume de l'ombre ... La "grimace" du concierge est comparée au "dernier éclat de rire d'un pendu" (14) — on retrouvera ce thème dans *L'Homme qui rit* — et le tonnerre, un peu plus loin, à "l'éclat de rire de Satan" (75). Le "brusque éclat de rire" du soldat, dans le premier chapitre, et celui de Frédéric, venant arracher Ordener et Ethel à leur duo d'amour (30), appartiennent à une même catégorie rieuse, génératrice virtuelle d'*angoisse*. Ces passages peuvent être rapprochés d'un épisode rapporté par le révérend Charles Maturin, au début de *Melmoth ou l'homme errant*. Poussé par un individu mystérieux, au milieu d'un orage nocturne, devant les corps de deux jeunes gens que des paysans s'apprêtent à enterrer, le rire éclate, tel un coup de tonnerre, "bruyant, bizarre, prolongé". Cette hilarité, "outrage à l'humanité"[24], se place d'emblée aux antipodes du comique, dans la sphère du *rire noir*. Et ce,

21. Dominique Iehl, *op. cit.,* p. 13. L'auteur se réfère à Bakhtine et à Freud, "Das Unheimliche", *Aufsätze zur Literatur*, Hambourg, 1963.

22. Joë Friedemann, "De Melmoth à Gwynplaine : aspects du rire noir romantique", *op. cit.*

23. Mikhaïl Bakhtine, *op. cit.,* p. 47-50.

24. Charles Maturin, *Melmoth ou l'homme errant* in *Romans terrifiants*, Paris, Laffont, p. 644.

à l'opposé de la démarche hugolienne qui s'engage, nous l'avons vu, dans *l'humour noir* et le *burlesque*, mue par une intention parodique évidente. Si les contextes macabres du chapitre 1 de *Han d'Islande* et du chapitre 3 de *Melmoth* sont presque identiques, les tons donnés aux récits sont essentiellement différents. Les pages écrites par Victor Hugo nous font sourire, celles de Maturin nous glacent.

Un certain sourire du poète, par conséquent, mais qui se figera bientôt, avec l'intrusion d'un registre différent, celui du *difforme* et de *l'horrible*, du *satanique* et du *maléfique*.

A) A l'image de Melmoth qui agit sous le coup d'une malédiction séculaire, Han est un personnage mythique, doué d'ubiquité et de pouvoirs mystérieux. A son instar également, et parmi tous les personnages du roman , c'est Han qui réunit sous son nom le plus de termes au signifié rieur. Comme Spiagudry, ganté et masqué souvent, il n'évoque pourtant jamais le burlesque ou le simple comique. Son rire est celui de *l'ombre*, du gouffre. Comme Orugix, aussi, son confrère en atrocité, le faciès de Han reflète les traits essentiels de ce qui deviendra plus tard le lieu privilégié du grotesque hugolien : une "bouche large", des "lèvres épaisses", des "dents blanches aigues et séparées" (34).

Han surgit dans le récit avec ses fureurs, mais aussi une redoutable *ironie*. A la "férocité du tigre", il joint la "malice du singe", une "intelligence infernale", pour tout dire, "la perfection du monstre" (34/50-51). Personnage omniscient, *faustien* — "tu ne sais pas que je sais tout", lance-t-il à d'Ahlfeld, qui tente vainement de le mystifier (146) — il manipule les différents protagonistes de l'œuvre comme des marionettes. Sous l'influence de la "malédiction héréditaire" de son ancêtre, Ingolphe l'Exterminateur, symbole de l'intrusion d'une force étrangère et hostile dans la Création[25], sous l'impact de la douleur paternelle jouant le rôle de catalyseur, l'ironie de Han, non dépourvue de panache, il faut

---

25. Wolfgang Kayser, *The grotesque in art and literature*, Indiana University Press, 1963.

le dire (244-245), dévie vers le *monstrueux* et le *démoniaque*. Le mal humain rejoint le mal métaphysique. A partir du moment où la vengeance devient le moteur principal de l'attitude de Han, son rire devient "funeste (...) sinistre", son air "horriblement railleur" (99-l0l). L'expression malicieuse, signe de retenue, à la limite humoristique, se transforme en explosion de gaieté haineuse, porteuse d'épouvante et profanatrice de la souffrance la plus sacrée d'un père, devant la mort de son enfant (149).

De par sa difformité même, le rire perd toute texture humaine et va se confondre avec le "rugissement" d'un animal. L'hilarité "horrible" du monstre, buveur de sang humain et sacrilège du corps de son fils se transforme en hurlement bestial. Est-il surprenant de voir ce rire évoluer jusqu'à être comparé onomatopéiquement et métaphoriquement au "bruit d'un crâne qu'on brise" (l40-l44) ? Après le burlesque Spiagudry, et son escalade vers les sommets du difforme, Han rencontre Ordener, dans un affrontement titanesque, opposant le sublime au grotesque : "ricanement farouche (...) rire atroce" (l64-l67) qui se mueront un peu plus tard, lors de la mêlée avec les arquebusiers de Munckholm, en une "fête (...) carnage" vengeresse (207).

La *haine* des hommes ne peut que déboucher sur la *haine de soi*. Le monstre finira par se choisir comme cible et son propre exutoire. A la fois fatigué de l'existence et d'une exécration qu'il ne peut plus transmettre, faute de descendance, Han parachève sa quête de l'ultime vengeance, en se rendant à la justice des hommes, geste *prométhéen* au sarcasme sacrilège, équivalant à un suicide : "je veux qu'il soit un Dieu pour pouvoir blasphémer", lance-t-il dans une ultime confession, mêlée de rires et de grondements de joie (247-248). Les derniers rires du démon de Klipstadur sont ceux d'un homme affranchi de toute contrainte physique et métaphysique. Raillant une liberté dont il n'a plus que faire, proclamant son unicité dans la particularité difforme (250-25l), il se gausse une dernière fois des hommes et de leurs vaines prétentions (261), avant de disparaître en "riant" pour parfaire sa volonté meurtrière, dans les flammes d'une mort librement choisie (270).

Sans s'élever aux dimensions formidables d'un Melmoth, Han d'Islande, comme lui, est un *maudit*. A l'image de la plupart des monstres du roman noir, il symbolise le mal, la folie, la souffrance, la solitude inhérente à l'âme humaine et mérite peut-être pour cela, à la limite, plus notre pitié que ses victimes[26]. Figure mythique venue du feu, Han périra par le feu, dans une espèce d'holocauste expiatoire.

B) Si Han représente une certaine forme de révolte prométhéenne, la difformité de l'irrationnel ; Orugix, la perversion d'une soi-disant justice des institutions; Musdoemon, troisième volet de ce tryptique, symbolise la déviation d'une liberté ayant choisi sa voie à des fins maléfiques. En fait, pour Hugo, le vrai messager de Satan n'est pas le monstre qui provoque l'effroi, ou le bourreau qui suscite l'indignation, mais le *traître* qui inspire la répugnance.

Avec son visage "ouvert jusqu'à l'impudence" (41), comme "une bouche de l'enfer" (226) et la fausse gaieté de son regard (180), Musdoemon présage l'absolu "sinistre" (41). Alors que Han — à propos duquel l'écrivain n'utilise jamais les termes *diabolique* et *satanique* — bénéficie d'une responsabilité en un sens limitée, Musdoemon se révèle être un génie du mal, avide de pouvoir et tourmenté de haine. Son rire est "pareil à celui du diable", s'emparant de l'âme qui s'est donnée à lui (42). Personnage *méphistophélique*, se jouant aussi bien de sa complice et victime, la comtesse d'Ahlefeld, elle même experte en "sombre joie" infernale (190), que du comte, son *alter ego* en matière de cynisme, Musdoemon préfigure Balkiphedro : il opte délibérément pour le crime et la gaieté (41-42).

Son masque qui dissimule à la fois les identités (Musdoemon, Hacket, Turiaf) et les menées secrètes, a une portée de loin plus ténébreuse que le simple camouflage de Han ou de Spiagudry. Associé à la nuit propice à toutes les machinations, son "rire équivoque (…) sardonique" (181-182) devient formule redoutable, jovialité d'un visage annonceur d'ombre, laideur sinistre de la joie hypocrite et ricanante (104).

---

26. Elizabeth Mac Andrew, *The gothic tradition in fiction*, New York Columbia Press, 1979, p. 82-107.

Le burlesque Spagudry meurt dans un cri d'épouvante (129), Han, dans une hilarité sauvage et goguenarde (270). Quant à Musdoemon, "serpent formidable", il quitte ce monde sur une une "dernière morsure (...) mortelle" et souriante à l'adresse de ses complices (266). Avec l'exécution de Musdoemon, le grotesque dépassant le "difforme" atteint à "l'horrible". Le paradoxe d'une situation inconcevable et atroce, l'insensibilité et l'ironie d'un bourreau fratricide, la lâcheté haineuse de la victime se rejoignent ici pour parachever cette image du grotesque, comme expression d'un monde sombre, hostile, étrange, dont l'absurdité recouvre et le comique et le terrifiant.

3. Du sourire sublime au recul humoristique

Dans ce parcours emprunté par le récit de Hugo, le registre du rire se développe, par conséquent, de manière non uniforme. Traversant les sphères du comique et du tragique, l'image de ce phénomène comme manifestation, à la fois d'une certaine réalité et d'une recherche d'authenticité, risque pourtant de rester incomplète sans l'apport du *sublime* et de l'impact qu'il ne peut pas ne pas avoir dans le domaine rieur[27]. Le texte, à cet égard, semble parfaitement clair : si le rire noir éclate dès le premier chapitre du roman, la "profondeur" du "sourire"[28] vient en auréoler la conclusion (271).

Ce sourire sublime surgit dans l'œuvre de manière plus retenue, plus intériorisée que le rire grotesque, par nature plus expansif, plus extroverti. Ainsi, fondés l'un et l'autre sur la haine du genre humain, les rires de Han et de Schmumacker ne se confondent pas pour autant. Le ricanement du monstre est corollaire du plaisir de nuire, alors que le sourire amer de l'ancien Grand-Chancelier de Danemark, mêlé de dérision et de larmes, a pour origine un amour déçu pour l'humanité et la conscience de l'absurde : "Je

---

27. *La Préface de Cromwell, Critique*, Paris, Laffont, 1985, p. 12.
28. *William Shakespeare, ibid.*, p. 343.

pleure d'être homme et je ris de celui qui me console" (25). Paradoxalement, cette attitude aboutit à la presque compréhension, par
le père d'Ethel, de la solitude de Han et de sa haine vouée aux
hommes, interprétées ironiquement comme critères de bonheur et
de sagesse (50).

C'est pourquoi le sublime ne retrouve que son image défor-
mée, falsifiée dans le miroir du grotesque, un miroir fallacieux,
effrayant qui renvoie un reflet rieur d'un visage en pleurs (250-
251). Seul *l'amour* peut restituer au sublime sa pureté primitive
que lui ont fait perdre la haine et l'amertume. Seuls les sourires
d'Ethel et d'Ordener, représentants des sublimes "noble" et
"magnifique" kantiens[29], pourront rivaliser avec les "larmes de
démence et de rage" de Schumacker (55).

En pénétrant dans la grotte de Walderhog, avant d'affronter
Han dans une lutte gigantesque, "le bon et noble" Ordener éprouve
une "joie céleste" (163), celle de la lucidité dans le sacrifice, de
la générosité dictée, non par une recherche morbide du néant, mais
par un amour total. Victoire du sublime sur les ténèbres, cette "joie
céleste" annonce la transfiguration, dans les dernières pages de
L'Homme qui rit, du rictus de Gwynplaine en sourire ineffable[30].

Avec une différence essentielle cependant ... Le dernier sourire de Gwynplaine traduit une aspiration à une éternité partagée
avec Dea dans la *mort*. Alors que le rire grotesque ou démoniaque
de Han, Orugix et Musdoemon, retourne au gouffre pour laisser
la place au sourire sublime de la *vie* :

> Bientôt de belles et douces fêtes solennisèrent le sombre
> hymen du cachot. La vie commença à sourire aux deux jeunes
> époux qui avaient su sourire à la mort (271).

ET POURTANT ... comme le suggère Lessing, dans un aphorisme auquel Hugo se réfère pour coiffer le chapitre 31 de *Han
d'Islande*, "si tout ceci n'était qu'une comédie vulgaire" ... et

---

29. Paulette Carrive, "Le sublime dans l'esthétique de Kant", *RHLF*, janv.-
fév. 1986, p. 71-85.

30. *L'Homme qui rit,* Roman III, Laffont, p. 783.

qu'en conséquence, ce premier roman de Victor Hugo ne devait pas être pris au sérieux par les lecteurs ou les critiques potentiels !

Un examen attentif du texte et du *paratexte* semble confirmer, en un sens, la remarque du philosophe et celle adressée à Vigny en avril 1821, concernant l'amusement qu'avait pris l'auteur à la rédaction de son ouvrage :

> J'avais pourtant commencé un roman qui m'amusait, sauf l'ennui de l'écrire.

A) Les *épigraphes* contiennent des allusions riches en enseignement sur les intentions, voire les réserves de l'auteur au regard de son texte. Huit au moins, dans le cas présent, comportent un sous-entendu direct au rire ou au caractère non sérieux de l'œuvre. D'autres s'y réfèrent de manière détournée, par antiphrase ou emploi contrasté d'une citation avec la teneur générale du passage lui faisant suite. D'entrée de jeu, le ton est donné : le premier chapitre est précédé de deux épigraphes, l'une, supprimée en 1833[31], du "jovial" Général H., et l'autre, de Laurence Sterne, grand maître de l'humour anglais au 18e siècle. De toute évidence, le poète s'amuse en s'adressant, au chapitre suivant (17), nous l'avons vu, à Charles Maturin, auteur terrifiant, s'il en fut ; et au chapitre 15, en se faisant interpeller par ce même auteur, venu l'accueillir parmi les écrivains frénétiques :

> Sois le bienvenu, Hugo .... As-tu jamais vu un orage aussi terrible ? (93).

Mais si l'intention humoristique est ici évidente, l'auteur semble vouloir en atténuer le signifié apparent, par des restrictions qui, d'un autre côté, en affermiront le sens profond. Ainsi au chapitre 26, très exactement au centre de l'œuvre, Hugo fait précéder son texte d'une citation de Lessing

> Non, non, ne rions plus. Voyez-vous, ce qui me paraissait si plaisant a aussi son côté sérieux, très sérieux, comme tout dans l'univers !.. (151)

---

31. Voir *Han d'Islande*, note 9, p. 548, édit. B. Leuilliot, Folio, Paris, Gallimard, 1981.

Formule à laquelle font suite deux épigraphes, celle du chapitre 31, citée plus haut, mais supprimée, elle aussi, dans l'édition de 1833, et qui forme contraste avec la précédente, en posant la question de la "conscience parodique"[32] ; ainsi que l'aphorisme final :

> Ce que j'avais dit par plaisanterie, vous l'avez pris sérieusement (269).

En fait, ces deux précisions ne devraient laisser aucun doute quant à l'orientation finale donnée à l'œuvre, mais confrontées avec les précédentes, elles contribuent à laisser planer l'équivoque sur le caractère soi-disant futile et même mystificateur de ce premier ouvrage de fiction hugolienne.

Si au niveau des épigraphes, l'initiative de Hugo annonce une inspiration ludique voilée, l'examen des codes *orthographiques, lexicaux, stylistiques* et *narratifs* du texte témoigne d'une intention rieuse, liée à la fantaisie de l'écrivain, de tonalité plus manifeste.

B) Relevée par le poète dans sa première préface, la récurrence de *lettres* et de *diphtongues,* peu usitées en français, acquiert un caractère comique de par leur exotisme, la "rudesse" scandinave de leur prononciation, associée à la violence intrinsèque du récit. L'accumulation de noms propres d'origine fantaisiste, anagramatique, allitérative ou à homophonie soi-disant norvégienne ou latine (pour exemple : Spollyson, Syngramtax, Thormodus Thorfaeus, Saemond-Sigfusson, Fauste-Prudens Detrombidès, Blaxtham Cumbysulsum ...), les listes d'érudition bouffonne, les jongleries verbales, dont les "placets", lus par le secrétaire du gouverneur de Drontheim (39) — exercice de style étincelant que l'on retrouvera plus tard dans *L'Homme qui rit*[33] — ajoutent également à un brio que Rabelais n'aurait sans doute pas désavoué. La verve burlesque de ce dernier chapitre est d'autant plus frappante qu'elle

---

32. Pour une indispensable mise au point de cette question, voir Daniel Sangsue, *La Parodie*, Paris, Hachette, 1994.

33. *L'Homme qui rit*, p. 357-363.

succède immédiatement à la première apparition de Han, à l'acte horrible perpétré sur le corps de son fils, et précède l'entrée de l'anti-héros diabolique qu'est Musdoemon.

C) La fantaisie de l'auteur, corollaire de son humour, s'exerce également dans l'œuvre au travers de l'*intrigue* et de ses *personnages*. Ainsi, aux yeux de Frédéric d'Ahlefeld, l'une de ses futures victimes, Han est décrit comme pouvant être à l'origine d'un "roman délicieux dans le genre des sublimes écrits de Mlle de Scudéry". Boutade, quelque peu contrainte, que Hugo, le narrateur, jugera, en un deuxième temps, comme "une dépense inutile de bel esprit". L'écrivain *parodie,* il s'amuse de l'orientation donnée à son ouvrage, lance un coup d'œil complice au lecteur, se campe dans l'attitude de l'humoriste prenant du recul par rapport à soi. (50-53). Mais surtout, il *ironise* à propos du « pauvre et malencontreux Spiagudry » (109), raille la superficialité de Frédéric, ainsi que le faux Han d'Islande, embarqué dans une galère qui n'est pas la sienne. Les institutions, les simulacres de justice, le bourreau échappent encore moins à sa critique caustique (224-226).

Au plan structurel, plus que toute autre œuvre, *Han d'Islande* s'avère être une espèce de comédie des erreurs, où les *quiproquos* se succèdent et finissent par s'entremêler. L'écrivain intervient comme un narrateur omniscient, révélant à chaque instant au lecteur les ressorts de son action. Parallèlement, mais dans l'intrigue même, le personnage de Han, doué d'ubiquité et apparaissant au moment où on l'attend le moins, revêt une tenue semblable à celle de l'auteur ; il se situe ainsi au centre des quiproquos dont, à l'exception de celui ayant trait à la cassette, il ne sera, lui-même, jamais dupe. N'étant pas celui qu'on imagine, sachant exactement à propos des autres tout ce que ceux-ci ignorent sur lui, il est toujours là, sans être désigné nommément (81-83). Spiagudry ressent confusément sa présence, et ses louanges, en termes assez burlesquement figurés, ajoutent un élément comique certain à l'appréhension intuitive du personnage (90-91).

Une gamme variée de quiproquos, centrés principalement autour du thème *identitaire,* et touchant la plupart des personnages, émergent dans le récit. L'intention parodique est évidente, certaines des situations créées étant visiblement comiques, comme l'épisode du juge et du brigand (115-116) ; d'autres tragi-comiques, telle la rencontre d'Orugix et de Musdoemon, à la fin du récit. Il serait fastidieux de procéder ici à l'inventaire d'un procédé — d'essence plus dramaturgique que fictionnelle — auquel l'écrivain a recours pour créer un effet de surprise mais, sans doute aussi, pour accentuer l'aspect *ludique,* sinon mystificateur de son inspiration.

A titre d'exemple, cependant : la véritable *identité* d'Ordener, fils de Guldenlew, vice-roi de Norvège, n'est connue d'aucun des principaux protagonistes au début du récit. Ni de Schumaker, dont Guldenlew est l'ennemi juré. Ni d'Ethel, qui ne fait pas le rapprochement entre l'Ordener qu'elle aime et le fils du vice-roi, ennemi de son père. Et encore moins de Frédéric, qui ne l'identifie pas comme son futur beau-frère, mais comme le capitaine Dispolsen, censé venir prendre la relève de la garde. Distinguer le sublime dans un monde qui est, ou se veut grotesque, n'est pas une tâche précisément aisée. Cette situation, résumée succinctement sinon clairement par l'auteur,

> Le vieillard, la jeune fille et l'officier étaient devant Ordener dans une position singulière, ils avaient chacun un secret avec lui; aussi se gênaient-ils réciproquement (...) Ces quatre personnages ne pouvaient rien se dire réunis, précisément parce qu'ils auraient eu beaucoup à se dire isolément (52-53),

sera ponctuée par "l'éclat de rire" de l'un des personnages en présence. Faudrait-il voir ici une allusion à une situation, fertile en malentendus, celle du jeune Hugo, confronté à l'incompréhension d'un entourage se refusant à entériner ses amours avec Adèle ? Conjoncture dont l'auteur, au plan de la fiction et en désespoir de cause, se serait résolu à rire ... Il est permis de le supposer.

D) L'amusement pris à écrire son roman, Hugo le couronnera d'une touche finale enfin, la rédaction des *préfaces* aux éditions de janvier et avril 1823. La première est celle d'un auteur adolescent, apparemment peu sûr de son talent, qui feint de se juger dans la lucidité, en prenant le lecteur à témoin de la qualité de l'ouvrage offert à son appréciation. Regard humoristiquement auto-critique, jeté par l'écrivain sur son œuvre, qualifiée d'insignifiante et de frivole : la modestie et la sincérité deviennent ici un jeu dont personne n'est dupe, évidemment.

Dans la deuxième préface, le ton et la confiance paraissent se raffermir. Le recul *auto-rieur* se complète maintenant d'une note *ironique*, parfois franchement voltairienne, à l'endroit d'une critique conservatrice et antiromantique qui lui aurait proposé d'apporter quelques modifications à son texte, pour "le mettre à la mode". Si pour la galerie, Hugo se dit être un "déplorable auteur", il associera aussi les "incongruités typographiques" de son texte, indifféremment aux qualificatifs : "grotesque (...) burlesque (...) baroque (...) absurde (...) incohérent". A l'évidence, le terme grotesque n'a pas encore en 1823, la signification que l'écrivain lui attribuera quelques années plus tard.

Centripète, *l'humour* est lucidité par rapport à soi, à la limite exutoire d'une agressivité intériorisée et masochiste ; mais il est peut-être aussi démarche tactique visant à désamorcer pour soi, la menace d'autrui … Centrifuge, tourné vers l'extérieur, l'humour tend à dépasser l'introversion de l'humoriste (ou auto-ironiste), il s'emploie à dominer un sentiment d'infériorité ou de culpabilité latent. Bien entendu, cette démarche peut être déviée, devenir symptôme extroverti d'une fausse modestie déclarée, et traduisant une confiance démesurée en soi, et beaucoup d'orgueil. De là, sans doute, l'attitude ambiguë du jeune Hugo confondant, dans ses traits, l'idée qu'il se fait de sa propre œuvre, et celles émises ou que pourraient émettre certains critiques à son propos, et dont il fait semblant de ne mettre en doute ni l'honnêteté ni les compétences. Attitude d'un auteur parfois inexpérimenté dans le choix de ses arguments, sans doute, mais qui a pour objet d'éviter, tactiquement et en un premier temps, que ce premier roman ne soit considéré comme plus sérieux qu'il n'est en réalité.

Il est significatif, d'ailleurs, que dans la préface à l'édition de 1833, le ton humoristique ou ironique a complètement disparu. Comme si, sous l'influence de ses récents succès littéraires, dont *Notre-Dame de Paris*, et peut-être aussi de sa liaison toute neuve avec Juliette Drouet, l'écrivain avait passé de l'adolescence à l'âge

adulte ; du non-sérieux déclaré, des "fantaisies", de la naïveté de
"la première saison", à une manière plus retenue de voir les
choses, à "l'observation" et à "la mesure" de l'époque "des
grandes œuvres" (3-4).

*   *
*

*Humour, humour noir, burlesque bouffon, grotesque tragique,
ricanement maléfique, sourire sublime* : le registre des nuances,
dans cette première rencontre de l'auteur avec l'écriture rieuse,
annonce l'orientation d'une pensée qui ira en s'approfondissant.
Le poète, à cette époque, n'a sans doute lu ni les *Gespräche über
die Poesie* ni la *Vorschule zur Ästhetick*[34]. Il semble pourtant
— appréhensions simultanées et identiques des "grands" problèmes de l'heure — que l'essai de Schlegel met déjà l'accent sur
le caractère hétérogène d'un grotesque, dont *Han d'Islande* donnera, une vingtaine d'années plus tard, un début d'illustration
concrète ; et que l'humour, défini par Jean-Paul comme "sublime
renversé (...) abaissant le grand pour y accoler le petit, et haussant
le petit pour y accoler le grand"[35], trouve une place de choix, parmi
les approches ludiques de Victor Hugo, dans son premier roman.
    Ce rapprochement avec le *sublime* s'ouvre ainsi, naturelle-
ment, sur la perspective *parodique* à laquelle il a été fait allusion
en cours d'exposé :

> Le moi, dit Jean-Paul, tient chez tout humoriste le premier
> rôle. Dès qu'il le peut, il monte même sur son théâtre comique son
> propre cas, bien qu'à la seule fin de l'anéantir poétiquement (...)
> Le *Je* s'avance dans l'humour sur le mode parodique[36].

    Visiblement, en effet, ce mode vient coiffer, dans *Han d'Is-
lande*, les différentes nuances rieuses surgissant dans le texte, à un

---

34. Claude Pichois, *L'Image de Jean-Paul Richter dans les lettres françaises*,
Paris, Corti, 1963, p. 93.
    35. Jean-Paul, *op. cit.*, p. 130. Ce cours date des années 1803-1813.
    36. *Ibid.*, p. 135-136.

premier niveau, marquant ainsi, mais en un deuxième temps seulement, l'orientation que l'auteur a voulu donner à son ouvrage ... Et ce, semble-t-il, afin de prendre ses distances par rapport à la littérature frénétique de l'époque ; par rapport à "l'extraordinaire horreur des situations, l'inhumanité héroïque ou scélérate des sentiments, la morale paradoxale" les invraisemblances et "les ficelles de tout genre"[37] qui caractérisent ce courant, et dont il s'amusera sans doute, mais sans vouloir pour autant s'y adonner.

Ironie du sort, c'est certain, si on considère que Hugo fut l'un des auteurs les plus parodiés de son époque, voire de "tous les temps"[38].

37. Gustave Lanson, "La parodie dramatique au XVIIIe siècle" in *Hommes et livres*, Genève, Slatkine reprints, 1979, p. 277-278. Cité par Daniel Sangsue, *op. cit.* p. 28.

38. Daniel Sangsue, *ibid.,* p. 82-83 ; Sylvie Vieilledent, "Les Parodies d'*Hernani*", communication au Groupe Hugo, Université Paris VII, 29 mai 1999.

CHAPITRE II

VERS LE NON-COMIQUE :
BUG JARGAL ET *LE DERNIER JOUR D'UN CONDAMNÉ*

Bien que l'ébauche de *Bug Jargal,* datant de la fin de 1818/début 1819[1], puisse être considérée comme un premier roman potentiel, il n'en reste pas moins le *second* ouvrage de Victor Hugo, dont la version définitive et considérablement étoffée paraîtra en 1826. Observation d'importance pour notre recherche sur l'évolution du rire dans l'œuvre hugolienne : mis à part quelques ricanements et sourires à valeur de clichés, tous les aspects grotesques de la révolte des noirs, le personnage du bouffon Habibrah et nombre de rires tendancieux, jaillissant en force dans le second récit comme toile de fond au décor, sont absents du premier essai.

Se fondant sur la constatation d'une *dualité* structurelle, et inductivement, sur les spéculations de ses prédécesseurs, l'écrivain s'emploie par conséquent à définir sa propre vision du comique et du tragique. A la fois symptôme et catalyseur, interférant dans les domaines du *savoir* et de la connaissance, le rire se pose ainsi en objet d'étude conceptuelle. De là, nous l'avons déjà

---

1. *Le Bug Jargal de 1820,* Roman I, Laffont, p. 883-904.

souligné, cette approche où se perçoit une lente maturation idéologique. Abordé dans chacune des œuvres, et chaque fois sous une perspective différente, le thème rieur, fusion de plusieurs hérérogénéités, évoluera dans le sens d'une prise au sérieux croissante du phénomène et de son approfondissement philosophique.

Les rapports de l'écriture à l'imaginaire divergent dans les deux premiers romans de Victor Hugo, de manière radicale. *Han d'Islande* est un récit, en partie légendaire, issu du Moyen Age scandinave, alors que *Bug Jargal,* fondé historiquement, s'inspire d'un épisode de la révolte des esclaves à Saint-Domingue, en 1791. Il en résulte, et les préfaces en fournissent le témoignage initial, une différence dans l'orientation et les options fondamentales de l'écrivain.

Œuvre au *noir,* à l'intrigue dont il est malaisé de démêler les fils, *Han d'Islande* ne laisse pas d'être empreint d'humour et de verve ludique. Si Victor Hugo en dépeint l'atmosphère fantastique avec un certain recul, comme en se jouant, on est frappé d'autre part, à la lecture de *Bug Jargal,* de l'absence quasi totale de la teinte humoristique. Comme précédemment, le rire jaillit, mais dénué cette fois de toute légèreté et d'aménité. Dès l'abord, l'évocation de souvenirs personnels dramatiques et de la "triste condition des esclaves" de l'île lui communiquent un contenu existentiel particulier (*B.J.* 284-285) qui ne peut pas ne pas être pris en compte ... Un contenu qui, se mesurant à l'aune d'un *pessimisme* grandissant, évacue aussi bien la note pure inoffensive du rire que sa fibre tendancieuse ouverte à l' ironie simple et à ses satellites directs[2]. La réduction sinon totale, du moins maximale de la composante comique, en l'occurence, un *rire noir,* négatif, sans gaieté, à distinguer de l'humour noir comme de la dérision, en est la caractéristique essentielle.

Si cette tendance *noire* paraît prendre son essor, plus particulièrement, au cours du 19ᵉ siècle, il reste que ses prémisses remon-

---

2. Claude Dufresnoy, "Comique et pessimisme : la dérision", *Cahier Comique Communication*, 3, Grenoble, 1985, p. 37-70. Voir également Henri Baudin, "Esthétique et comique : le ballet des incompatibles", *op. cit.*

tent aux premiers âges de l'humanité : "Quand le rire émerge avec
l'homme des brumes de l'antiquité, il semble tenir un poignard",
dit J.C. Gregory[3]. Son rattachement à l'idée d'imperfection morale
constitue une base essentielle de la réflexion des Anciens en la
matière : méchanceté pour Platon, difformité chez Quintillien et
Cicéron[4], laideur et bassesse comme composantes de la comédie
dans la pensée aristotélicienne[5].

Opposé en un sens à l'absolu éthique, donc aux concepts de
générosité et d'altruisme, le rire ne pouvait pas ne pas être rattaché à l'idée du *Mal* et, partant, au *satanisme* et à la *Mort*. La tradition chrétienne, imprégnée de la culpabilité originelle, attribue
de manière nette un aspect pyrrhonien au phénomène, notamment
à l'époque médiévale. Cette perspective dénigrante et rétrécissante
évoluera, par la suite, dans un sens franchement agressif avec Descartes, Bacon et surtout Hobbes, chez qui le rire corrobore la
vision qu'il s'est forgée de l'homme et du monde : "bellum
omnium contra omnes", selon la formule connue[6]. Dépouillée de
plus en plus de son aspect joyeux et spontané, l'hilarité avec ses
épigones, la fureur, le désespoir et la révolte, débouche sur la dérision, le *ricanement* et, par la cruauté exercée par le rieur lui-même,
sur la *menace*. A la fois exutoire et antidote, formule hostile et
masque protecteur contre le monde extérieur, le rire prend une
allure malveillante, inhumaine.

1. L'ambiguïté du bouffon : vers la parodie grotesque

De par leurs nuances inquiétantes, les premiers rires dans la
fiction hugolienne, ceux d'Orugix, de Musdoemon et de Han d'Islande ont une portée capitale. Ils fraient la voie au bouffon Habi-

---

3. J.C. Gregory, *The Nature of laughter*, Londres, K. Paul, 1924.

4. Arthur Koestler, *op. cit.*, p.18 ; Léon Dumont, *op. cit.,* p. 8.

5. Aristote, *La Poétique*, Paris, Seuil, 1980, p. 49.

6. Marc Chapiro, *op. cit.*, p. 22-23 ; F. Paulhan, "Le sens du rire", *Revue philosophique*, janv.-fév. 1931, p. 20-23.

brah dont la personnalité, peut-être plus que tout autre, en ce début de parcours, reflète l'équivoque d'un rire achoppant au tragique.

A) Assumant de manière quelque peu anachronique le rôle du *fou* des cours féodales d'antan[7], Habibrah, l'esclave nain est d'abord un symbole, celui d'une idée *grotesque* fluctuante et insolite, monstrueuse en apparence, et qui se cherche sous le masque d'une "gaieté inaltérable" ... Le bouffon est au centre de tous les contrastes : difformité et souplesse, laideur et variété dans l'expression du corps et du visage, cruauté et bassesse, humiliation et révolte. S'il annonce Quasimodo et Gwynplaine, il se révèle pourtant bien différent, au plan moral et rieur.

Alors que le sonneur de Notre-Dame a un sourire de soumission à son destin contrefait, et l'Homme qui rit, un faciès hilare immobile, modelé par la barbarie humaine, la fausse gaieté d'Habibrah s'impose à elle-même comme antidote au joug d'une oppression intolérable. Vivant dans une pseudo-subordination joyeuse, où se camoufle son asservissement doré, il n'est pas comme eux homme libre, mais "baladin difforme" et méprisable (*B.J.* 287). Le rire d'Habibrah est, à la fois, masque douloureux et expression d'une *révolte* fondamentale et de son corollaire, la *vengeance,* qui deviendra sa passion dominante. Il se révèle en conséquence, "faux ami"[8] aussi bien pour la classe des planteurs esclavagistes que pour ses camarades d'infortune (*B.J.* 299).

La première intervention du nain dans le récit se situe quand le narrateur, le capitaine d'Auverney, découvre qu'il a un rival inconnu : lieu et temps d'une rencontre entre Marie, la blanche et Bug Jargal, le noir, deux personnages *sublimes* qui ne se connaissent pas comme tels ... Anti-héros omniscient, Habibrah tire parti des circonstances pour amorcer la conversion de son *Moi* : d'objet ludique, il devient protagoniste joueur, donc omnipotent. Son

7. Maurice Lever, *Le sceptre et la marotte. Histoire des fous de cour*, Paris, Fayard, 1983.

8. Si le nom Habibrah vient de l'hébreu, chose possible, il signifie : mauvais ami.

regard "louche (...) oblique" revêt une expression de "malice et de triomphe". Le rire de celui qui sait, figure de bravade, remplace le rictus postiche de l'histrion (*B.J.* 294-295). Si le bouffon traite son interlocuteur comme un "jouet", il tient pourtant idéologiquement, et non sans ostentation ironique, à éclaircir en partie son attitude. Souffrant de sa laideur et de sa couleur, il s'efforce de rationaliser, en cherchant dans son métissage une justification à ses aspirations esthétiques.

Le *grotesque* aspire au *sublime,* tout en sachant que ce désir n'a que peu de chances de se réaliser. *Griffe* et monstrueux, Habibrah prétend à autant, sinon à plus de beauté que le *blanc* et le *noir* représentés, dans leur perfection, par Marie et Bug Jargal ... De là, sans doute, les "longs éclats de rire" qui accompagnent ses "extravagances", comprises comme une "insolente plaisanterie" par le jeune capitaine. Le nain se moque, à la fois, de la vaine recherche de d'Auverney et, expression de lucidité auto-narquoise, de ses propres rêves.

Mais ces rêves, abandonnés bientôt pour une attitude plus réaliste, déboucheront, en fin d'itinéraire, sur le tragique intégral. Après le déclenchement de la révolte, Habibrah réapparaît au milieu du récit, dans une espèce d'anonymat masqué, quasi-caricatural, et reconnu du narrateur seulement. Refusant son passé de sujétion chamarrée, il ne veut plus être identifié que par un présent et un avenir qui lui assurent une position omnipotente au sein de l'armée noire (*B.J.*325). Une position où le rire, à nouveau, donne tout son sens à un grotesque dont le commentaire théorique couronnera plus tard la *Préface de Cromwell.*

B) La réapparition de Habibrah est précédée d'une digression, où le descriptif s'alliant à l'idéologique, semble présenter, sur la base du développement narratif, une approche plus conceptuelle des perspectives hugoliennes sur le *grotesque.* Son décor n'est pas celui d'un récit mythique comme dans *Han d'Islande,* ni celui de l'art mythologique ou chrétien comme dans la *Préface,* mais il se réfère directement à la réalité d'une chronique d'histoire et d'anthropologie contemporaines, concernant le monde africain. Phénomène universel, le grotesque n'est ni affaire de mode ou d'imaginaire, ni rattaché à la seule tradition occidentale.

Prisonnier des esclaves révoltés, d'Auverney se trouve être, à la fois, témoin et victime d'une espèce de danse rituelle, dont l'issue ne laisse pas d'être menaçante :

> Vous ignorez peut-être, rapporte le narrateur, qu'il existe parmi les noirs de diverses contrées d'Afrique, des nègres doués de je ne sais quel talent grossier de poésie et d'improvisation qui ressemble à la folie (*B.J.* 323).

Le jeune capitaine met l'accent sur une manifestation de culture épique primitive, "barbare", à la limite du dérèglement mental, mais non sans point commun, ajoute-t-il, — pourrait-on parler ici "d'inter-grotext-ualité ? — avec les "rhapsodes antiques", les "minstrels", les "minsinger" des "trouvères" du Moyen Age européen, et à laquelle, en la circonstance, les femmes apportent une contribution parodique, sensuelle, à la fois burlesque et grimaçante, fortement teintée de violence.

"Les figures (...) diversement horribles", décrites dans ce chapitre, annoncent "le théâtre des grimaces", organisé par Coppenole dans les premières pages de *Notre-Dame de Paris,* mais sur un registre de loin moins affable. Le grotesque, ici, n'est pas centré sur "le plaisir et la gaieté" ou la "joie", mais sur la "fureur", la "lascivité", "le sinistre", les "regards foudroyants" et "sanglants", la "rage" démoniaque, "le rire horrible", précurseurs de tortures et de mort (*B.J.* 324). Cette description d'un rituel fantastique[9], voire magique, permet à l'auteur/narrateur d'intervenir

---

9. Sigles utilisés dans ce chapitre : *Bug Jargal = B.J. ; Le Dernier Jour d'un condamné = D.J.C. ; Les Misérables = Mis. ; William Shakespeare = W.S.*

Vision cauchemardesque qui semble avoir frappé l'auteur, à tel point, qu'il y reviendra dans un texte ultérieur : - Dicté par moi le 25 novembre 1845, *Choses vues*, vol. Histoire, Laffont, 1987, p. 776-778 ... "Il me semblait assister à un rêve (...) C'était une foule, une cohue, une mascarade, un sabbat, un carnaval, un enfer, une chose bouffonne et terrible (...) Ailleurs trois ou quatre nègres (...) harcelaient un malheureux milicien prisonnier (...) Ils frappaient du plat de la main sur sa chevelure poudrée et en tiraient la longue queue avec de grands éclats de rire (...) Une ronde de vieilles mulatresses gambadaient au milieu de la foule (...) Toute bouche qui ne faisait pas une contorsion poussait un hurlement."

hétérodiégétiquement dans le récit pour y greffer certaines de ses idées sur le rire. Présenté en parallèle, voire comme une réaction possible au grotesque, le phénomène est dépeint avec ses principaux attributs relevant à la fois et du corps et de l'esprit.

> Cette invocation étrange et les grimaces burlesques qui l'accompagnaient, m'arrachèrent cette espèce de convulsion involontaire qui saisit, souvent malgré lui, l'homme le plus sérieux ou le plus pénétré de douleur, et qu'on appelle le *fou rire*. Je voulus en vain le réprimer, il éclata. Ce rire, échappé à un cœur bien triste, fit naître une scène singulièrement sombre et effrayante (*B.J.* 323-324).

Ce développement succinct, qui appelle le commentaire, situe Hugo au centre même de la problématique rieuse que l'on retrouve au 19ᵉ siècle, sous des formes variées, nous l'avons déjà noté, chez Jean-Paul, Baudelaire, Maturin ... ou des auteurs comme Nodier, Flaubert ou Balzac.

— Point d'impact entre l'attendu et la surprise, le rire est provoqué par un événement appréhendé comme "étrange", en "contradiction" dirait Hegel, car sortant de l'ordre normal des choses.

— Par delà le psychologique, il se présente comme un convulsion involontaire, difficile par conséquent à maîtriser et à dominer. Le fou rire est souvent irrépressible, donc compulsionnel[10].

— Le rire ne vient pas obligatoirement sanctionner un jugement comique, ou en relation avec la joie, la détente ou la simple gaieté. Il peut être essentiellement tragique.

— Au plan sociologique, il peut avoir des conséquences sur la conduite de l'entourage et suscite des réactions incontrôlables dans leur violence.

C) Sur ce parcours s'inscriront, en outre, des étapes intermédiaires, dont la *parodie* qui, plus que tout autre épiphénomène,

---

10. Baudelaire, *op. cit.,* se référera plus tard au comique comme à une "explosion". Duvignaud, *op. cit*., p. 53, parle de "la nature éruptive du rire". Egalement, Paul Laurent Hassoun, "Freud et le rire" in *Freud et le rire*, éd. A.W. Szafran, A. Nysenholc, Paris, Métailié, 1994, p. 32-33.

fraie ici la voie à la finalité tragique. Le grotesque, dans *Bug Jar-gal,* est associé au rire malveillant, mais aussi au ridicule, corol-laire partiel, dans le cas présent, de l'incompréhension de l'Euro-péen pour ce qui diffère de sa propre culture.

Si d'Auverney éclate de rire à l'un des moments les plus dra-matiques de son aventure, c'est parce que la danse et les grimaces burlesques des femmes le frappent par leur caractère insolite (*B.J.* 323). Dans le même ordre d'idée, ses remarques ironiques sur "l'inepte vanité des noirs (...) chargés d'ornements militaires et sacerdotaux" et sur le "costume ridicule " de Biassou, l'un des chefs de la mutinerie (*B.J.* 326), sont d'abord le fruit d'une réflexion et d'une logique refusant toute référence à un exotisme étranger au monde occidental.

Les esclaves révoltés cherchent à retrouver la liberté et leur dignité perdues. Or, la démarche est ambiguë ... Ils ne sembleront pouvoir y parvenir — initiative à la fois sérieuse et comique — qu'en imitant les blancs et leur quête de souveraineté temporelle et spirituelle. En un premier temps, par conséquent, le monde de la liberté noire est celui du déguisement, du simulacre (*B.J.* 330). De là, cette "parodie du divin mystère (...) du saint sacrifice de la messe" et cette consultation pseudo-médicale et "dérisoire" (*B.J.* 333-334), où Habibrah, devenu entre temps chapelain/ sorcier offi-ciel de l'armée des rebelles, joue un rôle primordial.

2. Le masque et le visage

L'attitude de l'écrivain à l'endroit de la révolte des noirs n'est pas univoque, c'est certain. Conscient des excès et des atrocités auxquels elle donne lieu, Hugo ne peut, d'autre part, rester insen-sible à la cause anti-esclavagiste et à ses aspirations légitimes (*B.J.* 331-332) .

A) Dans le récit de d'Auverney, "le sermon soldatesque ridi-cule" de Biassou se mêle à sa "pantomime extraordinaire". La harangue du général est, en même temps, un "sabbat" et une "fas-cination". Mais l'auteur ajoute aussi à sa narration un troisième volet qui en modifie la portée idéologique : un "ricanement étrange", auquel il va porter une attention particulière. Si le *grotesque bouffon* constitue, dans l'œuvre, le point de départ de la démarche hugolienne, l'objet ultime de ses préoccupations paraît être une réflexion plus spécifique sur une forme de rire, à base de *haine* et de *vengeance*.

"L'accent malicieux et goguenard" du nain, devenu "obi", son "rire étouffé" font écho au "ricanement" répété de Biassou. Tous deux sanctionnent, d'abord, "la comédie ridicule" qu'ils se jouent à eux-mêmes et à leurs troupes ; il s'agit là d'un sarcasme de médiocre aloi, destiné à prendre la mesure d'un pouvoir démagogique sur des masses, méprisées pour leur ignorance et leur crédulité (*B.J.* 334-340). Mais avec l'arrivée des captifs, le drame se précise et corollairement, le rire des vainqueurs. Prémisse à la torture et à la mort, le phénomène évolue de plus en plus vers le *noir*. Le "ricanement féroce" de Biassou, semblable à celui d'une "hyène", annonce l'horrible supplice réservé aux blancs vaincus (*B.J.* 341-347)). Il devient "diabolique… affreux… infernal", symptôme d'une volupté croissante chez le bourreau devant la frayeur et l'angoisse des victimes (*B.J.* 342-358).

Il ne semble pas, cependant, que le personnage de Biassou puisse fournir, à lui seul, tous les éclaircissements sur ce ricanement maléfique. Si le chef noir a de bonnes raisons de poursuivre sa vengeance, il donne l'impression d'ajouter à sa haine une cruauté bestialement gratuite. Férocité que l'on retrouvera d'ailleurs plus tard, dans *Les Misérables,* chez Thénardier-Jondrette, mais aussi dans l'affreuse jovialité de Claquesous ou le "sourire atroce" de Brujon (*Mis.* 765).

La logique narrative voudrait que l'écrivain choisisse Habibrah pour tenter de répondre au problème qui le préoccupe. Le bouffon, au départ, n'est pas un monstre ... Alors que le descendant d'Ingolphe l'Exterminateur, Han d'Islande, agit sous l'emprise d'une fatalité séculaire et mythique, Habibrah, maître de son destin, reste à tous égards un homme. Son comportement s'insère dans la sphère du rationnel. Ce n'est qu'en mettant bas le "masque" du bateleur ou de l'*obi*, qu' Habibrah dévoile son *Moi* profond et l'essence même de son rire.

Phénoménologiquement parlant, les rires de Biassou et de son chapelain ont en commun "l'horreur" et le plaisir de nuire. Mais Habibrah est décrit, en outre, comme évoluant "d'un air de folle gaieté", à "une expression menaçante et sinistre" qui ne le quittera plus jusqu'à sa *chute dans l'abîme*. Dans cette phase ultime du récit, le bouffon ressent, comme précédemment, la nécessité de s'expliquer et de conceptualiser les données d'un comportement ayant fait de lui un meurtrier et l'un des dirigeants de la rebellion. Plus tard, Freud rattachera l'acte du rire, à une phase donnée du langage, "quelque part entre le cri et la parole"[11].

B) Leitmotiv de la pensée hugolienne retrouvé par la suite chez Quasimodo, Gwynplaine et Triboulet (*Le Roi s'amuse*, II,2) le bouffon revendique son *droit d'être* à part entière :

> Crois-tu donc que pour être mulâtre, nain et difforme, je ne sois pas homme ? (*B.J.*382).

Pathétique, la formule apparaît, sous des contenus variés, dans la fiction romanesque gothique et fantastique de l'époque ... Mais par delà une exigence fondée en équité, c'est aux "railleries" et aux " rires dédaigneux" de la société blanche coloniale, incarnant une humiliation intolérable pour "une âme", à qui aucun choix n'a été donné, sauf celui de se composer "un visage condamné à un rire perpétuel", qu'incombe la responsabilité de la haine et de la duplicité :

> Tu ne m'avais jamais vu que sous un air rieur et joyeux ; maintenant que rien n'interdit à mon âme de paraître dans mes yeux, je ne dois plus me ressembler. Tu ne connaissais que mon masque ; voici mon visage !...

La volonté malfaisante en moins, et à quelques détails près, on n'est pas très loin ici de *L'Homme qui rit*. Habibrah inspire certes la frayeur, mais à son égard, comme à celui d' autres personnages « anormaux » de son œuvre, Hugo ne peut s'empêcher d'éprouver une certaine compréhension. Rire *d'avant* et rire *d'après* ...

---

11. P. L. Hassoun, "Freud et le rire", *op. cit.*, p. 34.

Du déguisement, le bouffon passe à la divulgation, et de l'hypocrisie à la sincérité, aussi terrible qu'en soit l'expression, et effrayante la menace qu'elle implique.

Omnipotent, l'esprit de vengeance de l'esclave révolté explose en une confusion de *rires* et de *hurlements* au bord du gouffre ; il émane d'une haine indicible qui, ayant manqué son but, aboutit à l'auto-destruction, et revêt par là-même une dimension irrationnelle. Domaine d'une hilarité abyssale qui ressurgira par la suite, et sous des formes variées, dans *Notre-Dame de Paris*, *Les Travailleurs de la mer, L'Homme qui rit, Dieu, William Shakespeare...* "Epanouissement redoutable de l'inconnu, souligne l'auteur. Le mot pour rire sort de l'abîme" (*W.S.* 321).

Implicitement, une question se devait d'être soulevée ici, par l'écrivain : ce rire a-t-il une origine ethnique ? Ou, de manière moins déviée, faut-il chercher à ce phénomène des raisons plus proches des réalités socio-psychologiques que des hypothèses biologiques ? Les choses semblent claires pour Hugo : si le rire infernal d'Habibrah est rattaché à la noirceur relative et explicable de son âme, il ne saurait avoir de rapport avec la couleur de sa peau[12]. Extrinsèquement, tout se passe dans le cadre de l'antinomie fondamentale qui fait se heurter le *sublime* et le *grotesque*. Et intrinsèquement, c'est au niveau de *l'humain,* et de l'humain seulement, dans ses rapports avec le sociopolitique que les choses trouvent leur justification. Preuve en est la générosité sublime de Bug Jargal qui fait pendant à la férocité grotesque d'Habibrah, toutes deux se vérifiant dans le domaine même du rire. Bug Jargal ne rit pas. Il lui arrive de sourire amèrement (*B.J.* 301), tristement ... convulsivement (391-393).

3. Du "rire déchiré" au "cri d'hyène"

Si le rire noir est rattaché, en un premier temps, avec *Han d'Islande* et *Bug Jargal* à un imaginaire mythique puis de fiction,

---

12. Voir Mahmoud Aref, *La Pensée sociale et humaine de Victor Hugo dans son œuvre romanesque*, Paris, Slatkine-Champion, 1979, p. 133-167.

Victor Hugo semble avoir jugé nécessaire dans *Le Dernier Jour d'un condamné,* de s'élever encore de plusieurs degrés dans la crédibilité, en attribuant au phénomène une authenticité que, seule, la référence à une réalité tangible pouvait lui donner.

On connaît les "mots d'esprit" attribués par Freud à des condamnés conduits un lundi matin, à la potence. La remarque de l'un : "Eh bien, la semaine commence bien", et celle de l'autre, demandant un foulard pour se protéger le cou du froid matinal ... permettent à Freud de faire une distinction subtile entre *l'humour* et l'*humour noir*[13]. Or, semble-t-il, la faiblesse de ces anecdotes justement, est d'être ... anecdotique : détachées de véridicité, parce que peu vraisemblables, elles ne pouvaient donner lieu qu'à une interprétation comique, d'ordre théorique. En aurait-il été de même, si leur auteur s'était référé à des exemples d'exécution réelle ?

A) En effet, si Victor Hugo, dans *Han d'Islande,* a tendance à considérer la mort avec un certain humour, il changera d'attitude quand, passage de la phase dialectique, spéculative, littéraire, au concret, il prend conscience "un jour (...) sur la place de la Grève", de cette "idée fatale" entre toutes : la *peine de mort*[14]. Dès ce moment, l'humour noir, implicitement sérieux, fait place à un rire univoquement sombre, d'où la nuance comique est évacuée. Avec une exception cependant : la dérision de caractère anti-institutionnel d'un auteur combattant la peine de mort, ce rire de "l'indignation morale"[15], dont la préface au *Dernier jour d'un condamné (D.J.C.* 409) et le court interlude (419-430) accompagnant la quatrième édition de l'ouvrage, "Une comédie à propos d'une tragédie", offrent un avant-goût.

Il ne s'agit plus ici d'inspiration littéraire, à l'image des *Nachtwachen* de Bonaventura; d'imaginaire frénétique, quasi

---

13. Freud, *op. cit.,* p. 400-401.

14. *Le Dernier jour d'un condamné,* Préface, Roman I, Laffont, p. 402.

15. Jean-Paul, *op. cit.,* p. 112 ... "Peut-on rire de tout ?" La question a fait l'objet d'une journée d'études organisée par *Corhum,* Centre de Recherches sur le Comique, le Rire et l'Humour, université Paris VIII, en juin 1997.

métaphysique, retraçant l'itinéraire de *Melmoth;* ou encore, d'intrigues dénuées de logique formelle, à l'instar des premiers écrits sataniques de Flaubert, *Rage et impuissance, Rêve d'enfer, Smarh* ... où le rire, "spasme figé", de valeur cosmique, exprime, comme le dit Sartre, reprenant l'idée de Baudelaire, "la relation fondamentale du fini et de l'infini"[16]. L'orientation, dans *Le Dernier jour d'un condamné,* est fort différente. D'un au-delà problématique, propice aux digressions de toutes sortes, l'espace narratif dévie vers un ici-bas rongé par "l'horrible (...) sanglante (...) implacable idée" (*D.J.C.* 431) de l'exécution capitale.

Dans ce plaidoyer contre la guillotine, la référence première est *l'avant* : "les gais rayons du soleil" pénètrant dans la salle d'audience, le sourire de l'avocat, "les rires sur le quai des marchandes de fleurs", sont les marques d'une *espérance* (*D.J.C.* 433-434), faisant écho aux rires d'un présent ou d'un passé plus lointain : ceux d'un écolier, d'une jeune femme amoureuse, de leur petite fille, autant de manifestations ouvertes à la beauté, au bonheur d'une existence dont on ne pouvait supposer qu'elle puisse être bouleversée un jour. Cette existence aurait suivi un cours normal, si un hasard tragique ne l'avait transformée en "fantasmagorie", à la fois "grotesque" et "sanglante" (*D.J.C.* 432). Métamorphosé en phénomène à indice inversé, dans un monde verrouillé où les hommes deviennent des "choses", le rire *d'après,* perdra, par voie de conséquence, toute sa charge d'avenir, d'espoir et de rêve (*D.J.C.* 437/453).

B) Paradoxalement, ce sont les futurs galériens et les condamnés à mort qui rient le plus à Bicêtre. Le ricanement des uns y prépare le rictus des autres. Dans cet univers où les *bruits,* les *rumeurs*, les *cris* et les *plaintes* se heurtent au *silence* ayant pris possession des âmes, le *rire* vient s'ajouter comme un élément en marge, un corps étranger dont la présence dans le monde carcéral met en cause l'essence même du phénomène. Le ferrage des forçats, cet épisode souvent cité à l'appui des analyses sur le gro-

---

16. J.P. Sartre, t. 1, *op. cit.,* p. 1266.

tesque hugolien, est peut-être d'abord pour l'auteur, la preuve, en deça de l'imaginaire, de la tangibilité d'un rire authentiquement *non comique,* tirant son origine d' une expérience existentielle qui renie l'existence même.

Hugo met en place un décor dantesque. Mais s'il dépeint la foule des prisonniers spectateurs, blêmes, silencieux et immobiles, dans l'attente de l'arrivée de la chiourme, comme autant "d'âmes en peine aux soupiraux du purgatoire qui donnent sur l'enfer", il ne fait pas de cette géhenne, l'émanation d'un au-delà mythique. Car l'enfer, en l'occurrence, est de ce monde ... Inhumaine, la souffrance prend et revêt forme humaine, une souffrance qui se traduit au moment où elle surgit, fait surprenant, par une explosion de cris de joie, de chansons, de menaces, et d'imprécations.

Les prisonniers ont peut-être "des masques de démons", mais ce sont des "visages" qui grimacent, des "voix" qui hurlent, des "yeux" qui flamboient, et des "poings" qui se lèvent . Et de plus, ils rient. Et leurs rires sont "poignants à entendre". Car ils sont grinçants et glacés, tout comme "les rires bruyants des forçats" qu'on va ferrer. "Eclats de rire déchirés et haletants", qu'accompagne parfois un "poing" tourné vers le "ciel", pauvres moyens dont disposent les détenus pour se protéger de la cruauté humaine et divine (*D.J.C.* 443-444). Eloigné de sa source première, forme rieuse dénuée de tout contenu risible, il ne reste plus de cette hilarité, qui engendre la "pitié" et les "pleurs", que l'enveloppe, un *envers* de ce qui ne peut plus être un endroit.

Un *envers* où l'écrivain poursuivra sa quête jusqu'à son point ultime : la mort, envisagée non plus comme un hasard maintenu à distance, ou une nécessité refoulée dans l'inconscient et les rêves, mais comme une échéance fatale se concrétisant de manière irréversible, sans espoir de salut ou de miracle. Le "brusque et violent éclat de rire" qui réveille le condamné de la rêverie où il a réussi quelques instants à trouver l'oubli, ce "rire amer" du détenu venu le remplacer dans la cellule, "ressemblant à un râle" (*D.J.C.* 459-462), c'est presque le ricanement du néant se moquant de l'être, et qui annonce la nuit éternelle sans astre et sans clarté.

Rivé irrévocablement à son destin, le condamné a déjà quitté la vie. Son hilarité, émanation d'une angoisse absolue, traduit la

dérision de l'homme face à sa propre aliénation et à celle imposée par un monde qui l'écrase. La voie est sans issue. Ce rire,
défini par Léon Pierre-Quint comme "la révolte supérieure de l'esprit"[17], s'avère être plus encore, semble-t-il, un rire sur soi, transformant cette révolte en l'expression d'une illusion dérisoire.

> On entend l'éclat de rire de Lacenaire dans le cabanon de
> Bicêtre, dira l'auteur dans un texte de 1862 (...) Cette plaie qui
> rit, c'est horrible. Ces hommes sont des malheureux, ces femmes
> sont des désespérées, leur joie est la surface hideuse de la déso-
> lation (…) *En haut* le sourire, *en bas* l'ulcère[18].

C) Mais ce sourire dont parle Hugo, n'est-il pas également sourire *d'en haut*, expression de l'insensibilité de ceux que la souffrance des autres ne semblent nullement concerner ? ... Un homme
va mourir, et dans Paris, d'autres "hommes vont et viennent, cau-
sent et rient, lisent le journal, pensent à leurs affaires". Dès ce
moment, le paradoxe rieur prend encore plus d'ampleur. Si, à la
limite, on peut expliquer le sourire "bénin du bon geolier" (*D.J.C.*
453) ou courtois de l'huissier (454), le "sourire fatal" du magistrat
devant les supplications de la victime (484), comment comprendre
l'insensibilité de la foule face à l'épouvante du supplicié ? Pire,
comment expliquer "ce flot joyeux qui déjà se hâte sur les quais"
(464), dans l'attente de l'exécution ? L'écrivain est indigné jusqu'au
tréfonds de la réaction d'un peuple dont il se sent proche, certes,
mais dont il appréhende la violence et les réflexes irraisonnés.

Ces "spectateurs avides et cruels" qui hurlent trépignent, bat-
tent des mains, applaudissent, rient sur le parcours de la charette,
ne forment plus qu'un "horrible peuple". De là, leur rire qui se
fourvoie, devient autre, "aboiement (…) cri de hyène", en faisant
écho à cet autre "rire horrible" lui aussi, au "rire-râle" du supplicié (*D.J.C.* 480-484).

---

17. Cité par André Breton, *Anthologie de l'humour noir*, "préface", *op. cit.*,
p. 12.

18. *Proses philosophiques*, "Les fleurs", Critique, Laffont, p. 538/548. Voir
à ce propos Victor Brombert, *Victor Hugo et le roman visionnaire*, Paris, PUF,
1985, p. 56-64.

Lié à la violence, à la douleur et à la mort, le rire noir est à la fois le rire du *bourreau,* sous sa forme humaine ou métaphysique, qui prend plaisir au mal qu'il suscite ; et celui de la *victime* qui subit ou résiste à la torture, mais reste digne en refusant l'humiliation, à la limite, en exprimant sa révolte. Désaveu de toute logique, de toute normalité, il ne peut éclater que par surprise ou dans la frayeur, et revêtir une allure menaçante, de source désespérée ou maléfique.

Au *bourreau* et à la *victime,* embarqués dans la violence et la souffrance, appartenant "au même univers"[19], s'ajoute par conséquent un troisième volet : le *témoin*, dont la responsabilité est engagée, malgré l'anonymat et la passivité derrière lesquels il cherche à se dissimuler. Car, si le spectateur n'est pas à la source du mal, il ne fait rien non plus pour l'enrayer. Mieux, il prend plaisir au spectacle de la torture et de la mort, et sans vergogne ... Incompréhensible, donc monstrueux, l'éclat de rire du témoin abandonne le domaine "propre de l'homme".

*   *

*

"L'Etre", dira plus tard Baudelaire, en se référant au point de vue orthodoxe chrétien, "n'a point mis dans la bouche de l'homme, les dents du lion" ; il reste que "l'homme mord avec le rire"[20]. De la parodie humoristique de *Han d'Islande,* au rire de révolte de *Bug Jargal* et à l'hilarité noire du *Dernier jour d'un condamné,* Victor Hugo nous propose ainsi une première vision des choses. L'auteur s'en serait-il tenu à ces constatations, on aurait pu le considérer comme le tenant d'une perception dominante, faisant du rire une réalité d'origine maléfique, sinon satanique ... A ce stade, la question est posée, certaines nuances du phénomène sont analysées, mais l'explication, si tant est qu'il en est une, n'est pas encore donnée.

19. Elie Wiesel, *La Ville de la chance*, Paris, Seuil, 1962, p. 174-175.

20. Baudelaire, *op. cit.*, p. 372.

CHAPITRE III

NOTRE-DAME DE PARIS :
DE LA FÊTE DES FOUS A LA DAMNATION

Victor Hugo ne s'en tiendra pas à des conclusions qui pourraient faire de lui un proche potentiel de Schopenhauer. "L'œil fixé sur des événements à la fois risibles et formidables", le poète, à l'instar de "la poésie" qu'il incarne[1], entend poursuivre une quête dont tous les tenants et les aboutissants ne lui sont pas encore intelligibles. Parmi d'autres points de repère : deux ans avant la *Préface,* en se référant à Chateaubriand et à Byron, il avait déjà défini la littérature du 19ᵉ siècle comme présentant, à la fois, un "côté sombre" et un "côté consolant", "un reflet divin" et une "lueur infernale"[2].

Or, laissant apparaître, nous l'avons vu, une hilarité univoque, dépouillée presque totalement de sa composante comique, donc consolante, *Bug Jargal* et *Le Dernier Jour d'un condamné* semblent, un temps, contredire cette constatation. Avec *Notre-Dame de Paris,* tout se passe comme si Hugo reconnaissait qu'il fallait revenir à une perception plus équilibrée des choses, à une vision du

---

1. "Préface de Cromwell", *Critique*, Paris, Laffont, p. 9.
2. "Sur Lord Byron", *Ibid.*, p. 157-158.

monde assumant dans leur totalité, tous les aspects du réel ...
"Roman ironique et railleur", mais aussi "amour et douleur", la
référence possible, sinon vérifiée à *Notre-Dame de Paris* dans le
prologue aux *Feuilles d'automne*[3], est fondée sur un diptyque qui,
hormis au plan biographique, n'a guère été mis en relief jusqu'à
présent[4]. Passionné de Moyen Age, au moment de la rédaction de
l'ouvrage, Victor Hugo est en but, vers la même époque, à des
"obsessions, une angoisse intime, un désarroi philosophique" qui
expliquent ou qui viendront s'ajouter aux difficultés conjugales
croissantes que l'on sait[5].

Juxtaposition de motifs antinomiques, *Notre-Dame de Paris,*
comme *Han d'Islande,* mais de manière différente, projette un rire
qui se déploie sur deux registres distincts : gaîté, spontanéité,
extroversion, d'une part ; et d'autre part, un rire d'*introversion*
qui se ferme de plus en plus, en évoluant vers la crispation, l'étran-
glement, le spasme. De la *joie populaire* à la limite du *burlesque*,
en passant par un *humour*, une *ironie* et un *grotesque* fortement
soutenus, jusqu'à un *rire noir* de facture métaphysique, la polysémie rieuse de l'œuvre se présente, une fois encore, dans son
exceptionnelle fluidité.

1. La Fête des fous : un monde inversé

Victor Hugo a-t-il voulu atténuer, dès les premières pages de
Notre-Dame de Paris, l'impression, marquée de pessimisme, laissée par le *Dernier jour d'un condamné* ? Parmi d'autres, la référence humoristique à la non-tenue d'une "belle pendaison de lar-
rons et de larronnesses à la Justice de Paris" (*N.d.P.* 497), et celle

---

3. *Les Feuilles d'automne,* Poésie I, Laffont, p. 566.

4. *Notre-Dame de Paris*, Introd. M.-F. Guyard, Paris, Garnier, 1976, p. V-
VI. A noter que parmi la vingtaine d'adaptations du roman à l'écran, depuis 1905,
« la seule qui donne sa juste place au rire » est celle de Prévert, réalisée par Jean
Delannoy en 1956. Voir Arnaud Laster, « *Notre-Dame de Paris* à la scène et à
l'écran » in *Notre-dame de Paris,* éd. Jacques Seebacher, Poche, 1998.

5. Introd. M.-F. Guyard, *op. cit.,* p. XIV.

concernant les jeunes clercs, "joyeux démons (...) plongeant leurs regards et leurs railleries" sur la foule des badauds (502) pourraient le laisser supposer. Certaines réminiscences, dans le roman, de par leur modulation même, ne sont peut-être pas le fruit du hasard. Le rire du peuple, en tous les cas, changera ici et pour quelque temps, résolument de cap.

A) La date du 6 janvier 1482 n'est qu'un point de repère, presque une abstraction. Moins historique que romantique, à la limite socio-folklorique, "œuvre d'imagination, de caprice et de fantaisie", imagerie d'époque[6], l'évocation proposée par Victor Hugo, dans le premier chapitre de l'œuvre, semble avoir un objet précis : entrer de plein pied, au moins dans un premier temps, dans une thématique de la gaîté : *Fête des fous*, Jour des rois, feu de joie, moralité, sotie, farce, rires, trépignements (497-499) ... l'accent est mis, d'entrée de jeu, sur l'aspect *carnavalesque* de la vie au 16e siècle, sur un Moyen Age de spontanéité jaillissante, et non d'obscurité, de guerres ou de peste noire. La description hugolienne de la Fête des fous, au livre I, s'ajuste parfaitement à l'analyse qu'en fera, plus tard, Bakhtine. La "festa stultorum"[7], fondée sur l'abolition de tous les principes hiérarchiques, c'est cette "liberté d'un jour de cynisme et de folie" que se donne le peuple, sa badauderie, ses "rires éclatants", la malice, "les coups d'épingle", les actes de parodie des écoliers et des laquais, se gaussant de la redondance bourgeoise, universitaire et ecclésiastique, dans un feu d'artifice rabelaisien d'ironie bouffonne (501-504).

L'intuition de Hugo, le fait mérite d'être souligné, présente cette fête, bien avant la critique du 20e siècle, comme une espèce

---

6. Adèle Hugo, *Victor Hugo raconté par un témoin de sa vie*, vol. 2, Nelson, Paris, s.d., p. 363. Voir également Paul Zumthor, "Le Moyen Age de Victor Hugo", *Œuvres de Victor Hugo*, vol. 4, Club français du livre, Paris, 1967, p. I-XXXI.

7. Mikhaïl Bakhtine, *op. cit.* ; Harvey Cox, *La Fête des Fous. Essai sur les notions de fête et de fantaisie*, Paris, Seuil, 1971 ; Maurice Lever, *op. cit.* ; plus récemment, Georges Minois, *Histoire du rire et de la dérision*, Paris, Fayard, 2000.

de démythification passagère des valeurs, tolérée par le pouvoir et par l'Eglise, dans le sens d'une liberté contrôlée. Accepté comme un pis-aller démagogique, si on peut dire, le sacré y perd momentanément son auréole et devient burlesquement profane, presque blasphème :

> Quant aux écoliers, ils juraient. C'était leur jour, leur Fête des fous, leur saturnale, l'orgie annuelle de la basoche et de l'école. Pas de turpitude qui ne fût de droit, ce jour-là, et chose sacrée (...) N'était-ce pas le moins qu'on pût jurer à son aise et maugréer un peu le nom de Dieu, en un si beau jour, en si bonne compagnie de gens d'église et de filles de joie ? Aussi ne s'en faisaient-ils pas faute : et au milieu de tout ce brouhaha, c'était un effrayant charivari de blasphèmes et d'énormités (...) d'ailleurs le cardinal s'en fût peu ému, tant les libertés de ce jour-là étaient dans les mœurs (516-517).

De caractère vigoureusement anti-institutionnel, le carnaval populaire ajoute une nuance libératrice et recréatrice à la "gaieté de Paris" (581) vue sous l'angle du quotidien. A la fois joyeux, débordant d'allégresse, mais aussi railleur et sarcastique, affirmation et négation à la fois, composé d'alacrité pure et de quolibets, ce rire qui recouvre tous les aspects de la vie médiévale, refuse, en un sens, le partage entre sacré et profane qu'une certaine orthodoxie chrétienne, à cette époque, avait tendance à promouvoir en les renvoyant dos à dos[8]. On connaît l'illustration dogmatique qu'en donne dans *Le Nom de la rose,* Jorge de Burgos condamnant de manière catégorique tout laxisme en ce domaine : "En riant, le sot dit implicitement : *Deus non est*"[9] ... D'une certaine manière, mais sur des données différentes, la discussion sera reprise plus tard, dans *Les Misérables.*

---

8. Jean Duvignaud, *op. cit.*, p. 93-112 ; Jacques Le Goff, "Rire au Moyen Age", *Cahiers du centre de recherches historiques*, 3, 1989 ; Eric Smadja, *Le Rire*, Que sais-je, Paris, PUF, 1993, p. 16-17 ; Jeanine Horowitz, Sophia Menache, *L'Humour en chaire. Le rire dans l'Eglise médiévale*, Genève, Labor et Fides, 1994 ; Dominique Bertrand, *Dire le rire à l'âge classique*, Publications de l'Université de Provence, 1995, p. 101-134.

9. Umberto Eco, *Le Nom de la rose*, Paris, Grasset, 1982, p. 137-139.

Ce n'est pourtant pas sur la voie du commentaire théologique que s'engage Victor Hugo dans *Notre-Dame de Paris.* Il se contentera d'observer le phénomène rieur d'un point de vue culturel, psycho-sociologique, à la limite anthropologique ... Par le rire tout puissant jovial et satirique, le monde du conformisme quotidien, menacé du néfaste esprit de sérieux, donc en voie de pétrification, se transforme en "monde inversé"[10]. Les "grimaces", symbole d'une vision grotesque de l'existence vont l'emporter sur les soidisant "belles letttres", par mystère de Pierre Gringoire interposé (527). La *bouffonnerie* et le *burlesque* s'attaquent à une justice frelatée dont Hugo, on le sait, ne cessera jamais de dénoncer les abus. Enfin, l'élection *parodique* d'un Pape des fous met en question l'absolu religieux, fortement ébréché déjà par la joyeuse vie de certains écclésiastiques, le Cardinal de Bourbon en tête, "dont le spectacle, souligne le texte, valait bien tout autre comédie" (515).

B) Ce n'est certes pas le moindre des paradoxes pour l'auteur, d'avoir choisi comme emblème de la joie de vivre populaire, Jehan, à la fois si proche de Claude Frollo par les liens du sang, et si éloigné par ses options fondamentales. Paradoxe ... mais peutêtre moins qu'il n'y paraît. Car, s'il y a bipolarité du rire dans *Notre-Dame de Paris,* c'est sans doute qu'il se trouve à la jonction de deux antipodes, celui d'une joie totale, opposée à un tragique qui ne l'est pas moins.

Malignité, raillerie, goguenardise, subtilité, fou rire et drôlerie ... Jehan, l'un des "petits démons du chapiteau", jamais en retard d'un quolibet contre tout ordre établi (502-512) rappelle Panurge[11] sur bien des points, mais préfigure aussi Gavroche. Si celui que l'écrivain appelle "notre jeune ami l'écolier" (682) représente un certain aspect anticonformiste du caractère de Hugo, sans

10. Ernst Robert Curtius, *La Littérature européenne et le Moyen Age latin*, Paris, PUF, 1956, p. 117-122.

11. Michaël Baraz, *Rabelais et la joie de la liberté*, Paris, Corti, 1983 ; Daniel Ménager, "L'humour rabelaisien", *Humoresques,* n° 7, 1996, p. 65-76.

doute aussi faut-il voir en lui l'homme médiéval qui, de son rire, cherche à neutraliser le terrible d'une existence, rendue précaire par la mort omniprésente. Un des chapitres les plus comiques de l'œuvre, parce qu'à deux niveaux, la rencontre entre Jehan et son frère Claude, porte le titre d'*Ananké*, comme s'il appartenait à l'humour de l'un, de démystifier l'angoisse métaphysique et existentielle de l'autre: le rire s'avérerait être le seul remède souverain contre la fatalité et le tragique de l'être. Jehan, c'est l'homme du "cœur en plein air", de l'instinct naturel, se souciant moins de latin, de grec, de théologie et de monde futur, que de jouissance du temps présent. Entre la "pierre philosophale" et une "omelette d'œufs de Pâques", Jehan n'hésite pas (683-687). Si Panurge n'est pas loin, "l'escholier" Villon est tout proche, lui aussi :

> En me faisant truand, j'ai renoncé de gaieté de cœur à la moitié d'une maison située dans le paradis (...) Je bois, je mange, je suis ivre, je suis Jupiter (788-789).

Nietzsche parlera plus tard du "grand oui accordé à l'existence", et du rire de l'homme comme antidote à sa frayeur existentielle et "théologique". La voie menant vers Dieu étant le plus souvent étroite,

> l'être recroquevillé, tremblant de peur, se détend, s'épanouit largement — l'homme rit[12].

L'allusion est claire : Jehan dévale les escaliers de Notre-Dame "en se tenant les côtes de rire" (696). Pour lui, renoncer à la joie et cesser d'être sont une seule et même chose. L'un des truands, au moment de l'assaut à la cathédrale, aura à son propos, ce mot percutant : "Il est sans doute mort, on ne l'entend plus rire" (799). Bien qu'instinctif, l'hédonisme de Jehan n'en est pas pour autant, synonyme de niaiserie. Son rire, au contraire, devient choix réfléchi, assumé, celui d'une philosophie ouverte sur la vie et la joie, dans une lucidité totale. Puisque la "fin" du parcours est inéluctablement "mauvaise", et que la Fête des fous ne saurait durer éternellement, le "commencement" doit nécessairement être "bon"

---

12. Jean Duvignaud, *op. cit.*, p. 50-51.

(691). La fin de Jehan, dans une rencontre avec une *Ananké* grotesque, celle d'un Quasimodo fou de rage, est en effet terrible. La joie de vivre s'éteint dans un dernier rire de bravade et d'insouciance. Audace à la fois folle et "sublime", le rire est la seule réaction possible à la hauteur de ce personnage hors du commun, face à une mort atroce, et d'autant plus absurde, qu'elle résulte d'un tragique malentendu (802) : la non-reconnaissance par la *gaîté bouffonne* de Jehan et la *grimace grotesque* de Quasimodo de leur souci commun pour le *sourire sublime* d'Esmeralda.

2. Gringoire et le registre de l'auteur

Monde inversé du comique populaire, libre-pensée bouffonne de Jehan Frollo débouchant sur le tragique, l'équivoque se retrouve également à d'autres niveaux de formulation rieuse. La verve joviale est certes une composante importante de la personnalité de l'écrivain, mais elle n'est pas la seule. Le texte présente une seconde tendance, moins ouverte à l'exubérance: celle de la retenue *souriante*, propice, nous semble-t-il, à l'essor d'une veine humoristique, plus nettement individualisée.

Nous l'avons vu : aucun des protagonistes de *Han d'Islande* ne pouvant s'en prévaloir, le sens de l'humour — non noir — dans l'œuvre s'avère être une caractéristique quasi exclusive de l'écriture de son auteur. Avec *Notre-Dame de Paris,* Hugo complète son propos d'une donnée essentielle, en faisant de certains héros, des personnages à conscience rieuse. Jehan en est un, et non des moindres. Pierre Gringoire également, mais sur un registre différent[13].

A) Le "brave (...) digne (...) pauvre" Pierre Gringoire, dont Hugo se gausse quelque peu d'ailleurs, c'est d'abord le "poète" en "contemplation extatique" devant son propre "sanctuaire", avec

---

13. Voir, en particulier, Jacques Seebacher, "Gringoire ou le déplacement historique vers l'histoire" in *Victor Hugo ou le calcul des profondeurs*, Paris, PUF, 1993, p. 155-166.

ses inclinations naïves aux mirages narcissiques et ses illusions de poète en herbe (512-515) qui se verront progressivement rongées par l'indifférence de l'environnement carnavalesque. La spontanéité du commun dans la fête populaire délaisse l'œuvre du "génie" pour s'adonner à la "folie grotesque" (525). Le carnaval, au demeurant, s'oppose à la comédie bourgeoise. Epreuve cruciale pour Gringoire, qui parvient pourtant à la surmonter, en faisant usage de ce même rire ayant contribué à sa déroute, à l'instar, plus tard dans *L'Homme qui rit,* d'Ursus qui se retrouve seul à monologuer sur ses échecs poétiques. Homme du milieu et du compromis, parfois douteux d'ailleurs — il ne fera pas toujours preuve d'un courage exceptionnel pour sauver Esmeralda —

> esprit essentiellement mixte, indécis et complexe, tenant le bout de toutes les extrêmes, incessamment suspendu entre toutes les propensions humaines,

se disant "philosophe sceptique (...) pyrrhonien", en quête "d'équilibre" (776-777), Gringoire nous paraît être, en fait, plus *baladin humoriste* que "poète ironique" (537). Victor Hugo pense-t-il au *Neveu de Rameau,* "ce composé de hauteur et de bassesse, de bon sens et de déraison"[14] quand, avec une nuance de regret, il spécifie que

> si Gringoire vivait de nos jours, quel beau milieu il tiendrait entre le classique et le romantique (544) ?

Le "vide" qu'Hugo déplore, concerne-t-il la dégradation qu'aurait subi un certain esprit rieur du 18ᵉ siècle à son époque ? Plusieurs passages des *Misérables,* nous le verrons, semblent aller dans ce sens.

Etre "philosophe incrédule" (711), c'est à la fois développer une réflexion approfondie et prendre du recul par rapport à cette même réflexion, par rapport à soi et aux choses : "Si je suis, cela est-il ? si cela est, suis-je ?" (552), la formule définit, de manière on ne peut plus concise, l'antinomie des rapports entre identité rieuse et réalité tragique, entre l'humoriste et son environnement.

---

14. Diderot, *Le Neveu de Rameau*, Œuvres II, Paris, Laffont, 1995.

La critique et l'autocritique marquée d'enjouement — dans le cas présent, sans l'ombre ou presque d'agressivité, condition *sine qua non* d'une orientation ouverte à l'humour — n'empêchent ni le sérieux de l'introspection, ni l'égocentrisme. Seul, celui qui se regarde agir, parler ou penser, donc se juge, peut se considérer comme objet de rire. Par l'humour, il "devance" la censure rieuse d'autrui, qui perdra ainsi de sa virulence potentielle[15]. Si ironie il y a chez Gringoire, elle est essentiellement "auto-centrée", et partant, d'intensité minimale. Wladimir Jankelevitch parlerait ici "d'ironie humoresque"[16]. Se dire "homme de génie", d'agréable compagnie pour soi-même (780), mais également "sot" (549), sans talent défini, "bon à rien", et tout juste capable de faire un "compositeur de rythmes" (567), c'est, par le clin d'œil et la pirouette ouverte à l'équivoque, esquisser pour soi et le lecteur, un discours humoristique. Gringoire excelle certainement plus dans ce genre de discours — témoins ceux tenus à la Cour des Miracles (555-561), à Esmeralda (567-568) ou à Claude Frollo (675-676) — que dans la composition de soties et de mystères.

S'il s'oppose à Claude Frollo, comme le "sceptique" peut s'opposer au "solennel" et au "passionné", Gringoire diffère également de Jehan. Contrairement à ce dernier, et dans une recherche constante des accommodements, il fera tout pour éviter que la "fin", comme le "commencement", ne soit mauvaise :

> Quand j'ai vu qu'ils voulaient pendre les gens, je me suis retiré du jeu (778).

Trait distinctif du personnage : il utilise les ressources les plus cachées de son esprit — peut-on lui en vouloir ? — pour éviter d'être pendu par les truands de la Cour des Miracles (555-560) ou par les archers de Louis XI (816-818) ... Gringoire, à l'évidence, préfère dire la tragédie, plutôt que de la vivre !

La *gouaille* du gamin de Paris, *l'humour* du poète philosophe crève-la-faim, ainsi que le *registre subjectif* de l'auteur appar-

---

15. Eric Blondel, *Le Risible et le dérisoire*, Paris, PUF, 1988.

16. Wladimir Jankelevitch, *L'Ironie*, Paris, Flammarion, 1964, p. 185

tiennent à un même clavier d'expressivité rieuse : celle d'une prise de conscience extérieurement ludique de la réalité. Au moment de la rédaction, Adèle dit avoir vu pénétrer son époux dans *Notre-Dame de Paris* "comme dans une prison"[17]. Le décor mis en place est tragique. Mais tout se passe comme si, pour échapper à l'emprise étouffante de l'écriture et la convertir en *plaisir du dire*, l'écrivain avait tenu à introduire dans son récit, une veine rieuse supplémentaire : la sienne.

L'ambiance générale de la Fête des fous, les efforts conjugués de Pierre Gringoire et de ses comédiens pour parvenir au terme de la représentation d'un mystère de note burlesque (510-511), divertissent incontestablement l'écrivain ... Un spectacle raté, suivi d'une pendaison manquée et d'un mariage qui ne l'est pas moins — "Tu manques tout", lui dira Claude Frollo, après l'échec de sa seconde pendaison (825) — Hugo nous conte avec délice des mésaventures qui, sans être toutes d'une grande exemplarité, contribuent à parfaire, dans le sourire, le portrait du poète. A la mesure de son "héros", *l'humour de l'auteur* s'avère être ici plutôt inoffensif. Humour d'un premier temps, plein d'aménité, car, semble-t-il, en rapport avec le domaine restreint, et en un sens anodin, des individualités. Cette aménité, Jean-Paul Richter l'explique en l'insérant dans le concept de "totalité humoristique" : l'humoriste se sachant en parenté étroite avec tous les hommes, il est évident que "les folies individuelles", parce que "noyées dans la masse", donc "moins signicatives", se verront jugées avec d'autant plus de "douceur et d'indulgence"[18].

B) En revanche, quand Victor Hugo étend son analyse à la *critique des institutions,* il passera, de l'humour dédramatisant, au registre d'une *ironie,* de loin plus corrosive. La tolérance n'est plus de mise ici, "la tristesse, la colère et la moquerie" allant puiser à une source commune, celle du mal et de la difformité[19]. On

---

17. Adèle Hugo, *op. cit.*, p. 360.
18. Jean-Paul, *op. cit.*, p. 132.
19. Victor de Laprade, *op. cit.*, p. 327.

l'a vu, l'abolition de la peine de mort constitue, dès le début de sa carrière, l'un des combats essentiels de l'écrivain ... Le "coup d'œil impartial" (628), qu'il jette sur la magistrature du Moyen Age, ne diffère guère de celui qu'il aura pour les structures juridiques de son époque. En effet, Hugo a recours à une même lucidité critique et ludique pour décrire messire Robert d'Estouville, grand prévot de Paris, "exerçant droit de tourner, de pendre et de traîner" (...) "Peut-on rien imaginer de plus suave ?" (630) ; et pour dépeindre le "procureur royal criminel, pourvoyeur titulaire des places de Grève (...) beau parleur ou croyant l'être", son successeur à 350 ans d'intervalle[20]. A l'image de Voltaire dans *Candide,* Hugo, passé maître dans l'usage de la litote, s'emploie à mettre en relief le rire, à la fois comme modalité d'attaque et antidote à la souffrance. Prise de conscience d'une situation, mais aussi détachement quasi philosophique à son endroit, donc hygiène mentale, la désinvolture rieuse s'avère être pour l'écrivain un moyen de parvenir à la justesse de l'expression.

Face à la perversion absolue d'une soi-disant justice, ce n'est qu'en s'élevant de plusieurs échelons encore dans la thématique du rire, que l'écrivain pourra donner la pleine mesure de son *indignation.* Débordant la simple ironie, il incorpore toutes les nuances *railleuses,* depuis le *burlesque,* jusqu'à *l'humour noir* et la *dérision.* Sans nul doute, apogée de l'œuvre en ce domaine, la mise en jugement de Quasimodo constitue le procès *parodique* du monde *grotesque physique* qui se voit condamné, comble de l'absurde, par le *grotesque des institutions.* Dans sa pétrifiction dérisoire, le juge, "assis sur les fleurs de lys", est comparé au "démon de pierre", sculpté dans la voute du tribunal. Le grotesque de *fait* débouche sur un grotesque de *situation.* Le comique et le laid engendrent une *bouffonnerie* d'autant plus saisissante qu'elle est ponctuée des remarques vitriolées de l'auteur. Est-il situation plus symbolique d'une justice frelatée et plus propice au "fou rire", que celle d'une surdité frappant, à la fois, et l'accusé et son juge ?

---

20. *Le Dernier jour d'un condamné,* préface, p. 412.

Ayant donc bien ruminé l'affaire de Quasimodo, il renversa sa tête en arrière et ferma les yeux à demi, pour plus de majesté et d'impartialité, si bien qu'il était tout à la fois, en ce moment, sourd et aveugle. Double condition, sans laquelle il n'est pas de juge parfait. C'est dans cette magistrale attitude qu'il commença l'interrogatoire. — Votre nom ? — Or voici un cas qui n'avait pas été "prévu par la loi", celui où un sourd aurait à interroger un autre sourd (633).

Le rire provoqué lors de l'élection du Pape des fous est, en un sens, voulu, officialisé par le peuple, et même l'Eglise. Celui qui éclate pendant le procès de Quasimodo, "si violent, si fou, si contagieux, si universel", est d'autant plus destructeur qu'il est spontané et causé par un concours de circonstances, où la souffrance côtoie le loufoque, sur fonds de malentendus et de *quiproquos* (634-635). Il ne s'agit plus pour Hugo d'un humour, plein de clémence à l'égard de certaines défaillances individuelles, mais d'une hilarité, émanation d'une *révolte* radicale, sans l'ombre d'une complaisance, devant l'insensibilité et l'arbitraire des institutions. Car, finissant par "manger de la chair humaine (...) la bêtise réjouissante des juges" se dépasse elle-même, pour donner dans le *terrible* (712-723). Quasimodo, le *grotesque*, mis au pilori (654-655), Esmeralda, la *sublime*, questionnée et condamnée (722-723) : le *sarcasme* traduit mieux que toute autre réaction, *l'exaspération* de l'auteur, son désespoir, un défi braqué contre le scandale de l'iniquité sociale et sa toute-puissante bêtise.

3. De l'hilarité haineuse au rire des réprouvés

Le milieu est éminemment instable ... *Notre-Dame de Paris* en apporte la preuve, le rire le plus optimiste semble glisser insensiblement vers le négatif et le tragique. L'hiatus entre la joie inoffensive et la dérision, jusqu'à sa limite extrême, un *rire noir,* fermé et sans espoir, atteindra tous les niveaux.

A) Chez le peuple qui s'adonne à la joie totale de la Fête des fous, on discerne ainsi, et très rapidement, une tendance populacière où viennent se greffer l'*envie,* la *malignité,* la *haine* même, sentiments troubles que Victor Hugo éprouve parfois le besoin d'éclaircir, sans pouvoir, il s'en rend compte, toujours y parvenir. L'éclat de rire "sinistre" de la Cour des Miracles ponctue la guerre sans merci, véritable "comédie" qui se joue sur le pavé de Paris, entre les faux éclopés et la justice du Roi, par "honnêtes bourgeois" interposés, (551) :

> Il faut bien qu'on voie, de temps en temps, une grimace d'honnête homme au-dessus d'un collier de chanvre (555),

souligne le roi de Thunes. Si les argotiers s'apprêtent à pendre le malheureux Gringoire, avec un "rire impitoyable"(558), c'est aussi et surtout, parce que "le beau monde de ce temps-là", le bon peuple de France accompagne d'une hilarité implacable l'exécution des truands.

Dans *Notre-Dame de Paris,* comme dans *Le Dernier jour d'un condamné,* les badauds se précipitent sur la Place de la Grève, comme au spectacle. Gibet ou pilori, il ne s'agit en fait que d'un "incident habituel de la voie publique" (737). Loin de susciter la pitié, la banalisation du mal atteint son zénith, le supplice réveille, dans la foule, une "haine méchante" accompagnée de "gaieté" (657). L'auteur, chose remarquable, insistera particulièrement (657/741) sur un rire, fort éloigné des sourires d'Ethel, de Cosette, de Déruchette ou de Dea, celui des jeunes filles et des femmes, venues assister au martyre de Quasimodo et d'Esmeralda[21]. L'instabilité fondamentale du peuple, dont Hugo aura toujours conscience, et qu'il associe ici à un état d'immaturité, "d'ignorance première, de minorité morale et intellectuelle" (657), se traduit entre autres, par un changement du registre rieur. Analyse qui

---

21. Les exemples dans le texte ne manquent pas : « Et la foule de rire, surtout les enfants et les jeunes filles (656) ... Ici, comme dans la grande salle, les femmes surtout éclataient (657) ... Dans cette foule, il y avait plus de rires que de cris, plus de femmes que d'hommes (741) ... C'étaient des rires, des ironies, des humiliations sans fin. Les sarcasmes pleuvaient sur l'égyptienne et la bienveillance hautaine et les regards méchants. On eût cru voir de ces jeunes dames romaines qui s'amusaient à enfoncer des épingles d'or dans le sein d'une belle esclave » (670-671) ... Peut-on parler ici de *machisme* hugolien ? Dans la poésie, en tous les cas, le rire de la femme est vu sous un jour totalement différent.

n'est pas très différente de celle de Hobbes, désignant comme étant à l'origine de la mutation, l'hostilité endémique que l'homme nourrit dans son cœur contre tous ses rivaux potentiels[22] ... Quasimodo qui avait été accueilli dans l'enthousiasme après son élection, est reçu, une fois au pilori, par une huée prodigieuse, mêlée de ricanements, d'injures et de pierres. (655-660).

Si le rire malveillant est l'apanage de toutes les couches de la société, les sympathies de l'écrivain semblent pourtant se porter, il ne se fait pas faute de le souligner, vers les victimes de l'ordre social et de l'autorité. Certes les truands ont un rire "diabolique" (551-559), mais leur attitude à l'égard du malheureux Gringoire est plus proche de *l'humour noir* que du sarcasme maléfique. Les trouvailles burlesques de Clopin Trouillefou sauveront finalement le condamné, alors que la rigueur tragiquement grotesque de la loi officielle, celle de "la longue et sanglante comédie de Louis XI" (820), accompagnée du ricanement de Tristan Lhermite, lui "déchaussant toutes les dents" (846), aboutit à l'exécution d'Esmeralda.

B) Dans ce *rire à rebours,* par conséquent, qui va se rétrécissant par rapport à sa source naturelle — "O fraîcheur du rire ! ombre pure ! Mystérieux apaisement !"[23] — la part prise par les sentiments troubles et la *souffrance* devient de plus en plus importante. La grimace de Quasimodo, l'un des symboles les plus significatifs de l'expressivité grotesque dans l'œuvre, constitue une étape essentielle de ce parcours.

De l'ordre de la "folie", de "l'enivrement", du "vertige", la laideur difforme engendre un "rire inextinguible", comme il n'en existe, souligne l'auteur, que chez "les dieux". La vision d'une "bouche ouverte en gueule", motif récurrent de l'écriture hugolienne depuis *Han d'Islande*, annonce une symbolique fascinante, parce que caricaturée de toutes les expressions liées à la hideur

---

22. Voir Marc Chapiro, *op. cit.*, p. 22-23.

23. *Les chansons des rues et des bois*, "Ecrit en 1927", Poésie II, Laffont, p. 930.

physique et morale de l'homme (525-526). Plus tard et dépassant Hobbes, Baudelaire posera la question fondamentale des rapports existant entre cette "laideur" et le "grotesque" d'une part, et "une hilarité immortelle et incorrigible (...) folle et excessive", d'autre part. La description dans *Notre-Dame de Paris* du concours de grimaces semble correspondre en tous points aux conclusions baudelairiennes sur "le grotesque, comique *absolu*", opposé au "comique ordinaire (...) *significatif*", le premier se rapprochant "beaucoup plus de la vie innocente et de la joie absolue" que le second, comique sur fond de "mœurs (...) d'art et d'idée morale"[24].

A l'instar d'Habibrah, des fous de *Cromwell,* de L'Angely de *Marion Delorme,* de Triboulet et plus tard, de Gwynplaine, Quasimodo s'avère être en même temps "rieur" et objet de rire. En tant qu'objet, il se situe davantage du côté du "comique absolu" et de son rire "subit" ; et en tant que sujet, du côté du "significatif". Si Quasimodo est élu Pape des fous, c'est parce que le grotesque peut atteindre "l'idéal " du sublime, en quelque sorte l'infaillibilité. Par ailleurs, à la fois "licence" et "cri", le rictus du sonneur de Notre-Dame traduit, aussi bien, la joie d'un corps que l'angoisse d'une âme.

Sa perfection dans la disgrâce, ajoutée à une surdité accidentelle et à un mutisme volontaire, lui permet non seulement de se protéger contre la "raillerie et la malédiction" du monde extérieur[25], mais sera également à l'origine de rapports en porte-à-faux, débouchant sur l'équivoque et la méprise ... Le sourire "étrange" de Quasimodo, plein de douceur et de tendresse filiale à l'égard de Claude Frollo, devient amer et profondément triste (658) avant de s'effacer (542). De même la caresse du regard, le rire "éclatant" qu'Esmeralda suscite chez son protecteur (758) en un premier temps, seront appelés à disparaître. Repoussée par la grâce et la

24. Baudelaire, *op. cit.*, p. 374-375. Baudelaire parle d'une "hilarité folle, excessive et qui se traduit en des déchirements et des pâmoisons interminables".

25. Au contraire du monde de la pierre qui n'est pas du tout hostile : « La cathédrale était peuplée de figures, de marbres, rois, saints, évêques qui, du moins ne lui éclataient pas de rire au nez, et n'avaient pour lui qu'un regard tranquille et bienveillant » (601-602).

beauté, la *difformité* se crispe en un rire déchirant (760-761). Entre le *grotesque* et le *sublime,* les armes sont plus qu'inégales. Non partagé, incompris, parce qu'ayant sa source dans *l'horrible,* le rire du bossu est trop furtif pour ne pas aboutir aux *larmes* et au *silence* (856-857).

C) Toute-puissante, *l'Ananké* rieuse poursuit son itinéraire et le fossé se creuse ... Avec l'approche du dénouement, l'hilarité dans l'œuvre se transmue définitivement en cri de *souffrance.* Si Esmeralda passe de l'insouciance de la saltimbanque et du "sourire" d'amour (669), à la dérision, au "rire terrible" (732) puis "de fureur", face aux assiduités et à la persécution de Frollo, la réaction de Paquette La Chantefleurie, après l'enlèvement de sa fille, — "fille qui aime à rire s'achemine à pleurer" (643) — va bien au-delà dans le tragique désincarné. Dépouillé de toute nuance comique, son rire noir "d'hyène" est d'autant plus "effrayant" qu'il a sa source dans un quiproquo atroce : la non-identification d'une enfant par sa mère, au moment de l'annonce de son exécution (735-736). Grincement de dents vengeur, "guttural (...) lugubre" (838-839), le ricanement de haine et de souffrance indicible atteint, à l'heure fatidique, un niveau ultime d'irrationnel. Loin d'être un sarcasme de façade et de bravade, de traduire la supériorité ou le dénigrement, le rire, expression de pessimisme absolu, devient *dérision totale* à l'endroit de la vie, de l'homme et de Dieu (842). Rien n'ayant plus d'importance, plus rien d'humain ne l'habite. "Farouche", "terrible", il ne peut aboutir cette fois, au delà des larmes et du silence, qu' à la *folie* et à la *mort* (852).

D) Mais c'est sans doute avec Claude Frollo que le phénomène dans *Notre-Dame de Paris,* revêt son caractère le plus saisissant, de par son ouverture sur le *métaphysique,* voire le *satanique.* Serviteur volontaire de Dieu, puis de la Science[26], adorateur

---

26. "La science, cette sœur qui du moins ne vous rit pas au nez" (606). Notons la formule, déjà utilisée précédemment, et dans un contexte similaire : la crainte du sarcasme est commune à Quasimodo et à Claude Frollo. Voir note 25.

involontaire d'une image féminine qui ne cesse de l'obséder, l'archidiacre est une figure faustienne, austère, sombre et violente qui voit s'émietter progressivement ses aspirations vers l'absolu. Même si la logique narrative impose à Frollo une fin tragique, rançon de sa duplicité et de ses crimes, Victor Hugo ne peut s'empêcher d'éprouver de la compassion pour son personnage. Le "malheureux Claude" est décrit comme un *homo duplex,* aux prises avec un destin qui le dépasse. Comme celui de Melmoth, son rire vient constater la présence d'un abîme infranchissable entre l'aspiration à une bénédiction et la réalité d'une malédiction[27].

L'archidiacre, en fait, est seul à contester le monde inversé du carnaval et à refuser la complaisance d'une Eglise, prête à libérer le rire de son carcan, pour donner au peuple l'illusion éphémère de mener une vie moins soumise au déterminisme du dogme. "Le sage ne rit qu'en tremblant", l'aphorisme qui fonde les observations de Baudelaire dans *L'Essence du rire,* n'aurait pas été désavoué par Claude Frollo, en un premier temps. Certes, le poète des *Fleurs du mal* ne cite pas *Notre-Dame de Paris,* pour étayer son propos, mais il aurait pu le faire[28]... Si le rire, au début du parcours du prêtre est une chose vile, "liée à l'accident d'une chute ancienne", donc amorce de sacrilège, la fatalité rieuse et l'ironie du sort auront bientôt raison, chez lui, d'une idéologie faisant abstraction, au profit de la seule vie de l'esprit, de toute référence aux besoins de la matière et du corps. N'ayant pas pu ou voulu s'abandonner à la spontanéité de la joie et de "l'accueil"[29], Dom Claude subira la contrainte de "l'exclusion", du "sentiment double" et "contradictoire".

27. Charles Maturin, *op. cit.*, p. 627-941.

28. Baudelaire, *op. cit.* Celui-ci, comme l'on sait, cite Melmoth, « la grande création satanique du révérend Maturin (...) Son rire est l'explosion perpétuelle de sa colère et de sa souffrance. Il est (...) la résultante nécessaire de sa double nature contradictoire qui est infiniment grande relativement à l'homme, infiniment vile et basse relativement au Vrai et au Juste absolus (...) C'est pourquoi ce rire glace et tord les entrailles. »

29. Le seul sourire d'accueil que Frollo se permette, exprime l'indulgence d'un "grand frère" à l'égard des frasques de son cadet.

Amer tout d'abord, son sourire devient "sardonique et railleur
(...) triste et cruel (612). De tonalité douloureuse et grinçante, il
s'achemine progressivement vers la conscience désespérée d'un
absolu qui n'en finit pas de s'éloigner. Dans la *Vorschule zur
Ästhetick*, Jean-Paul fonde son analyse sur "l'idée anéantissante ou
infinie de l'humour" — "die vernichtende oder unendliche Idee
des Humors" — symptôme du heurt entre le fini et l'infini, entre
la petitesse et la grandeur de l'homme dans l'univers, et reflet de
sa situation physique et métaphysique contradictoire. Cette "idée
anéantissante" serait d'abord celle du rire infini de Satan, cherchant à anéantir le fini, et par la suite, celle de l'Homme qui de
sa grimace rieuse, expression du fini, s'efforcerait de combattre un
infini qui le dépasse[30].

Traduisant "la relativité de tout"[31], corollaire d'une situation
qui, dans l'œuvre, aboutit à la conscience de *l'absurde,* et partant
au *scepticisme,* la *dérision,* symptôme de *doute,* apparaît. Si le
prêtre hésite, puis accompagne une profession de foi, dite du bout
des lèvres, "Credo in Deum", d'un sombre sourire (614), c'est que
ce dernier est presque un démenti des paroles prononcées, voire un
blasphème. Quand on évoque, en sa présence, un Ciel dont il n'attend aucun secours, Melmoth sourit de même, et horriblement[32]. Au
rire d'un Etre absent ou lointain qui se moque de la création,
répond celui de l'Homme raillant *l'Essence* ou le *Néant.* Que faire
alors, sinon s'abandonner à une hilarité absolue, en même temps
impuissance et révolte, face à un Infini qui écrase, face à l'échec
d'une vie consacrée à Dieu, à la connaissance et à la chasteté ? Le
souverain *Bien* étant hors de portée, il ne reste plus qu'à prendre
plaisir à "l'extrémité du crime". Le rire rattaché à la luxure (730),
au mensonge et à la cruauté (744), prend des allures diaboliques.

Si au début du roman et avec la Fête des fous, Victor Hugo
semble prendre du recul par rapport à des conceptions de tonalité

---

30. Jean-Paul, *op. cit.*, p. 132-133.

31. Mikkel Borch-Jakobsen, "Bataille et le rire de l'être", *Critique*, janv.-fév.
1988, p. 16-40.

32. Charles Maturin, *op. cit.*, p. 923-924.

schopenhauerienne, dans la suite du récit, où s'élabore une relation complexe entre la métaphysique et le rire — "L'homme sonde
le non-sens ou le néant d'une condition, et rencontre le rire que
l'on tire du constat de ce non-sens"[33] — les choses prendront une
tournure de loin moins univoque. Confronté à un amour coupable,
Claude Frollo voit se fermer, devant lui, toutes les portes du salut
physique et spirituel. Son rire, en fin d'itinéraire, c'est à la fois le
rire du *Mal* recherché et le ricanement amer d'une âme d'élite,
désespérée devant la découverte de sa propre *abjection*. Confondu
avec le "cri terrible" de la souffrance, la "haine", des larmes de
"rage", de "tendresse" et de "désespoir" (749-751), ce rire, "qu'on
ne peut avoir que lorsqu'on n'est plus homme" — "il sentait éclater en lui-même un rire de Satan" (750/856) — devient "affreux
(...) horrible (...) abominable (...) effroyable", persiflage convulsif, spasme démoniaque. A ce stade, il dépasse le niveau phonique
pour devenir masque pétrifié, rejoignant ainsi le hurlement de la
Sachette et le mutisme de Quasimodo.

Prémonitoire de *mort,* l'hilarité s'apprête à déserter la vie. Le
rire de l'archidiacre marque la *défaite* de l'Homme et la victoire
de la Fatalité. C'est le rire de la *chute,* du retour au gouffre, de la
toute-puissance du *Tragique.* C'est pourquoi, il rejoint dans la pensée de Victor Hugo, la thématique de *l'angoisse,* du *silence* et de
la plongée dans *l'insondable.*

* *
*

Avec quelque réserve cependant ... Victor Hugo hésitera en
effet à conclure *Notre-Dame de Paris* sur un pessimisme risquant
de voiler, voire de masquer la joie populaire du début et l'humour
fortement nuancé de son écriture. Sans doute, symbole d'une
union tardive entre le *sublime* et le *grotesque*, Quasimodo rejoin-
dra-t-il Esmeralda dans la mort. Mais l'avant-dernier chapitre du

---

33. Jean Duvignaud, *op. cit.*, p. 50, se réfère au *Monde comme volonté et
représentation* et aux *Suppléments* de Schopenhauer.

roman témoigne de la volonté de minimiser chez le lecteur, par le "rebondissement humoristique", une tendance à dramatiser l'intrigue et à tirer des conclusions qui, en ce domaine, dépasseraient celles de l'auteur.

Humour de Victor Hugo, au deuxième degré, qui semble s'ajuster au schéma kantien considérant le rire comme un phénomène qui traduit "après la peur, le soulagement de la sécurité retrouvée"[34]. Le sourire aux lèvres, et l'antiphrase à la plume, Hugo se réfère au "tragique", concept qui subira en quelques lignes un traitement aussi fugace que paradoxale. Après le drame, en effet, les seuls survivants à la mainmise de *l'Ananké,* sont ceux qui auront choisi, non les chemins extrêmes menant au sublime, au grotesque et à la dérive religieuse ; mais les voies moyennes, celles du recul humoristique et du conformisme bourgeois : Gringoire et Phoebus ont peut-être la vie sauve, tous deux, pourtant, auront "une fin tragique" ... Le premier reviendra à la *tragédie* : "de toutes les folies (...) la plus folle de toutes" ; et le second ... se mariera !

Paradoxe idéologique de l'écriture hugolienne ? Sans doute. Mais qui constitue peut-être aussi une réminiscence, au plan narratif, d'une observation faite à propos de Dante, quelques années plus tôt, dans la *Préface de Cromwell* :

> Lorsque Dante Alighieri a terminé son redoutable *Enfer,* qu'il en referme les portes et qu'il ne lui reste plus qu'à nommer son œuvre, l'instinct de son génie lui fait voir que ce poème multiforme est une émanation du drame, non de l'épopée ; et sur le frontispice du gigantesque monument, il écrit de sa plume de bronze : *Divina Commedia.*[35]

34. Robert Escarpit, *L'Humour,* Que sais-je ? Paris, PUF, 1960, p. 111.
35. *Préface de Cromwell,* p. 16.

CHAPITRE IV

LES MISÉRABLES : VERS LA SAGESSE

Trois décennies séparent *Notre-Dame de Paris* des *Misérables.* Il n'en faut pas pour autant imaginer l'inspiration hugolienne, sevrée de toute réflexion rieuse entre 1831 et 1862. Bien au contraire. Un rire omniprésent, à la fois concret et conceptualisé, essaime aussi bien les *poèmes,* les *essais critiques* et *philosophiques* de cette période que le *théâtre*[1] où la veine comique du dramaturge s'ouvrant au grotesque — il appartient à Anne Ubersfeld de l'avoir montré — jaillit avec une force toute particulière.

Livre de *l'Ananké des dogmes, Notre-Dame de Paris* débute par la joie du carnaval et se termine sur l'effroyable ricanement de Claude Frollo, accompagné du silence, baigné de pleurs, de Quasimodo. Soumis à la *Fatalité des lois*[2], en un sens, moins étouffante, *Les Misérables*[3] marqueront, trente ans plus tard, une

---

1. Voir en particulier Anne Ubersfeld, *Le Drame romantique*, Paris, Belin, 1993.

2. Selon la distinction proposée par Hugo dans la Préface aux *Travailleurs de la mer*, Roman III, Laffont, 1985, p. 45. — "La loi du progrès, dira Enjolras, c'est que les monstres disparaissent devant les anges, et que la Fatalité s'évanouisse devant la fraternité".

3. Comme précédemment, les citations et renvois dans le corps du travail seront signalés, entre parenthèses, par l'indication de la page.

inflexion en direction de l'espoir. Le livre s'ouvre sur le "rire d'écolier" de Mgr. Myriel (12), et s'achève sur l'ineffable sourire de Jean Valjean, au moment de mourir (1149).

Une fois de plus, Victor Hugo a changé de cap ... *"Les Misérables* sont un roman du sentiment, mais on y *pleure* sans honte et sans regret, même avec quelque vaillance"[4], observent Anne Ubersfeld et Guy Rosa dans l'introduction à un recueil d'articles consacrés à cette œuvre. Recevable comme telle, cette constatation étaiera notre propos, mais en forçant légèrement la formule du côté de l'oxymore, et sous réserve d'une transposition terminologique, voire thématique : *même si,* ou à la limite ... *parce que* « *Les Misérables* sont un roman du sentiment », on y *rit* « sans honte et sans regret ». La récurrence des termes rattachés au champ sémantique rieur[5] est certes moins importante dans cette œuvre que dans celles examinées précédemment, mais, à nouveau, elle y surgit dans des contextes à ce point variés qu'on ne saurait les passer sous silence[6].

1. Entre la force et la souffrance

Si *l'humour* de Mgr. Myriel, marque de générosité et de foi, mais surtout d'un refus de toute fausse sublimité, jaillit dès les

---

4. Lire *Les Misérables*, textes réunis et présentés par Anne Ubersfeld et Guy Rosa, Paris, Corti, 1985, p. 4. Egalement "sur la force de l'émotion", Miriam Roman, Marie-Christine Bellosta, *Les Misérables, roman pensif*, Paris, Belin, 1995, p. 21-22. En appendice, les auteurs citent une lettre à Victor Hugo, de l'éditeur Albert Lacroix, en 1862 : "J'ai pleuré. Je lisais à haute voix à mes associés, et vingt fois, trente fois, suffoqué d'émotion, la voix brisée (...), j'ai dû m'arrêter", *ibid.,* p. 285. Nous somme bien loin du rire, ici ... Et pourtant !

5. Voir dans l'*Introduction*, les tableaux statistiques consacrés à ces différents ouvrages.

6. Outre les ouvrages de J.-B. Barrère, d'Anne Ubersfeld déjà cités, on se référera à Michael Riffaterre, "Fonctions de l'humour dans *Les Misérables*", *M.L.N.,* déc. 1972, p. 71-82 ; Jean Maurel, "Miserabelais, une misère barricadée" in *Victor Hugo, les idéologies*, Serre, 1985, p. 155-166 ; Nicole Bilous, "La Fiente et la feinte. Idée du mot et travail du texte dans *Les Misérables*", *ibid.,* p. 167-179.

premières pages de l'ouvrage — nous sommes loin ici de "l'esprit de courtisan" et de "la dévotion aux puissances" du Cardinal de Bourbon, primat des Gaules"[7] — *l'ironie,* empreinte de scepticisme, du sénateur de Digne apparaît presque en même temps, comme pour suggérer qu'il y a là, débat possible. Dès l'abord, le rire d'*exclusion* se heurte au rire d'*accueil,* permettant au phénomène de s'ouvrir aux inflexions les plus diverses. A l'humour, indice de modestie et de relativité de l'*Ego* par rapport à la Création, succède une gamme de rires qui prendront l'Homme comme point de référence essentiel. "Vous devenez *fort* et vous riez", note le Sénateur[8], introduisant pour la suite, une hilarité de nature non obligatoirement altruiste (27).

A) D'entrée de jeu, le ton est donné ... Inconsistante de conception, "la bonne farce", réservée par les étudiants à leurs jeunes maîtresses (97), débouche, quelques années plus tard, sur la tragédie et la souffrance. Tholomyès, principal responsable du drame, ne poursuit son périple dans la vie, qu'à l'aide de l'*ironie* et du doute généralisé. Choisie comme règle d'existence, la jovialité, où "il y a de la dictature" (101), lui donne un pouvoir sans limite . L'essentiel est d'être allègre, de refuser sagesse et prudence, de faire de l'hédonisme hilare, un absolu d'où est évacuée toute idée d'innocence. Vivre, c'est rire et faire semblant, en un sens, refuser, sinon la vérité, du moins la réalité. Le langage devient jeu de mots, calembour, donc *masque,* affirmation mêlée d'incrédulité. Il se développera en discours déraisonnable de ton burlesque, à l'aide du "syllogisme", de forme logique, mais au signifié distordu ; à l'aide aussi du "paradoxe", créateur de surprise, qui communique à l'assertion linéaire un morphologie contournée (97-115). "On ment *mais* on rit. On affirme *mais* on doute" déclare Tholomyès, faisant écho au "tu mens *car* tu ris"

---

7. *Notre-Dame de Paris,* p. 515.

8. Le sénateur dont le raisonnement rappelle parfois celui de Jehan Frollo : "Vivons gaiement (...) Qu'ai-je à faire sur cette terre ? J'ai le choix. Souffrir ou jouir (...) Mon choix est fait" (26-27).

d'Ordener dans *Han d'Islande*[9], mais aussi et sur un plan conceptuel presque opposé, au "Tu ris, *mais* tu dis vrai" de Louis XIII
dans *Marion Delorme*[10]. L'ironie est reine. L'ironie, c'est faire "des
signes" en riant (...) et en s'en allant (113), c'est dire, à la fois, une
chose et l'inverse de l'énoncé jovial. Quand la conscience s'efface,
l'inconscience se dévoile.

Transformé en "un vaste et enthousiaste ricanement", le rire de
Tholomyès et de ses compagnons ne peut aboutir qu'à la *dérision*
destructrice et aux pleurs (115). Entre l'étudiant et le sénateur,
l'écart est minime, sauf que celui-ci s'avère être un théoricien de
la satisfaction des instincts premiers, alors que celui-là ira jusqu'à
la réalisation ultime de son idéologie égoïste. En un sens, leur attitude rejoint celle de Napoléon qui, convaincu d'être "en familia-
rité avec les événements" (256), se croit capable de "tourner en
dérision l'avenir" (278). Tous trois, parce que porteurs de non
vérité, d'erreur de jugement, à la limite du mensonge, précèdent
et préparent le drame. Drame individuel et collectif ... Entre la tragédie de Fantine et celle de Waterloo, la différence n'est, en fait,
que quantitative.

Rire de force, par conséquent, que celui-ci, et ayant pour fon-
dement l'esprit de négation, le scepticisme jouisseur ou la vanité
inconsciente. Mais, paradoxalement, l'hilarité jaillit également
d'une conception implacable de l'idée du *Devoir,* faisant du *Mal*
une émanation perverse du *Bien.* La coercition de la loi, saisie
dans son absolu, conduit alors à une forme d'exclusion affectant,
de par son caractère humainement intolérable, à la fois le psychologique et le physiologique. La justice de Javert, poussée à son
paroxysme, prend rang avec le *maléfique* de Han et de Habibrah,
le *difforme* de Quasimodo, le *presque-démoniaque* de Frollo, et
engendre une anomalie que Hugo transmue en monstruosité rieuse.
Lié au regard froid et perçant du fanatique, convaincu d'agir selon
l'absolu de la vertu et du bon droit, ce rire qui aurait dû être "d'en
haut", devient rire "d'en bas". Si l'inspecteur, comme ses prédé-

9. *Han dIslande*, p. 166. C'est nous qui soulignons.
10. *Marion Delorme*, Théâtre I, p. 786.

cesseurs dans "l'horrible", porte la marque distinctive du *grotesque,* cet "affreux éclat de rire qui lui déchaussait toutes les dents"[11], Hugo, malgré son aversion pour le personnage, ne peut s'empêcher de lui concéder une certaine grandeur (229-232). Moins misérable que maudit — un peu à la façon de Han ou de Frollo — Javert est le jouet de l'*Ananké des lois.* Ce que son visage traduit, et le paradoxe dérive de l'ambiguïté, c'est la "probité", la "sincérité" , la "candeur" même. Non pas le *Mal.* Tout au plus le "mauvais" qui jaillit du "bon" (230).

Inconscience égoïste de Tholomyès, perversion du Bien de Javert, sans doute ... Mais s'il est un rire tendancieux, particulièrement fascinant dans *Les Misérables,* c'est celui qui procède d'une *corruption* morale absolue. Emanation du "difforme" et de "l'horrible", le ricanement du sergent Thénardier, détrousseur de cadavres (282), est sans équivoque. L'aubergiste "filousophe"[12] s'entend à vendre, à côté de mauvais vins, des sourires sirupeux (300-303/597), "rictus caressants" (1132) du gredin, prêt à jeter le masque (329) et à éclater d'un rire, d'autant plus inquiétant qu'il est, à la fois, "doux (...) froid" (608)...bas et contenu" (626). Javert est certes effroyable, mais il y a dans l'expression de son visage, au moment où il arrête Madeleine, quelque chose de "poignant" (230). Tel n'est pas le cas de Thénardier/Jondrette, dépeint, dans des circonstances comparables — le guet-apens dressé à M. Leblanc/ Valjean — comme s'adonnant à une "joie de chacal" (629) : image d'un Mal total que l'affreuse jovialité de Claquesous, le "sourire atroce" de Brujon (765) ou "le sarcasme lugubre" de l'homme au merlin", associant le rire au thème du *masque,* viendront encore étayer :

11. Ou bien encore ce passage : « Quand Javert riait, ce qui était rare et terrible, ses lèvres minces s'écartaient, et laissaient voir, non seulement ses dents, mais ses gencives, et il se faisait autour de son nez un plissement épaté et sauvage comme sur un mufle de bête fauve. Javert sérieux était un dogue ; lorsqu'il riait, c'était un tigre. » (136).

12. Voir Pierre Laforgue, "Filousophie de la misère" in *Les Misérables. Nommer l'innommable,* éd. Gabrielle Chamarat, Orléans, Paradigme, 1994, p. 73-85.

En même temps une énorme face hérissée et terreuse parut à la porte avec un affreux rire qui montrait non des dents, mais des crocs. C'était la face de l'homme au merlin .
— Pourquoi as-tu ôté ton masque ? lui cria Thénardier avec fureur.
— Pour rire, répliqua l'homme (631).

B) Face au *rire de force,* formule agressive du *puissant* ou du *bourreau,* imposant son arbitraire jusqu'à devenir maléfice, se place le *rire du faible,* du *misérable,* moyen de protection, recette d'oubli et antidote à la souffrance. A l'opposé du précédent, qui est d'un bloc, parce que résultant d'une "nature" (765), donc d'un *absolu,* le rire de la victime est essentiellement instable, parce que *relatif,* dépendant d'une volonté ou de circonstances extérieures. "Toutes les angoisses étouffées par tous les cynismes" (586) — comme l'est celui d'Eponine[13], cette persécutée de l'ordre social et familial — y sont contenues. L'évolution est à la base du rire de la victime, et suit de près les avatars de toutes sortes qui parsèment son existence. De ce point de vue, Jean Valjean et Fantine sont essentiellement différents de Javert ou de Tholomyès.

Un mouvement de dérision "monstrueuse" (67), à la fois menace pour l'avenir et réminiscence d'une blessure passée, caractérise la première apparition de Jean Valjean. Il recoupe

le lugubre rire du forçat (...) comme un écho du rire du démon (76),

auquel l'écrivain avait déjà fait allusion dans *Le Dernier jour d'un condamné*[14]. Rattaché à une haine désespérée de la société, ce réflexe traduit une douleur morale indicible et ressurgit, par la suite, à plusieurs reprises : dans l'hilarité "sinistre" de Champmathieu, exposé à la dépravation d'une soi-disant justice (215); mais aussi dans le "sarcasme au ciel", selon la définition lapidaire attribuée par Hugo au monde des galères, et impliquant une révolte aussi bien contre l'homme que contre Dieu (451). Décrit comme

---

13. Agnès Spiquel, "Eponine au miroir", *ibid.,* p. 89-102.

14. *Le Dernier jour d'un condamné,* p. 444/448. Cf. l'analyse de ces pages, chapitre II.

une abjecte et poignante allégorie du *grotesque,* — "rien n'est plus funèbre que l'arlequin en guenilles" — le départ de la chiourme baigne dans une atmosphère de "jovialité hagarde" et tragique. Le ricanement naît de l'horreur, sous forme de

> jurements, de chansons (...) monstruosités cyniques et rictus sauvages (719),

indices d'autant plus saillants, qu'ils tranchent sur la "béatitude idiote" des bourgeois, et le "riant tumulte" de la ville (720-721), au moment de la déportation.

Indissolublement lié aux années de bagne, mais aussi, déductivement, expression d'une certaine inaptitude à la communication, le rire sera appréhendé plus tard par Jean Valjean avec réserve, voire inquiétude (131). Stoppées sur la pente de l'extraversion, les réactions de Jean Valjean s'intériorisent progressivement. L'examen de conscience, précédant le procès Champmathieu, s'accompagne chez le Maire de Montreuil d'un "rire intérieur" convulsif, composé "d'ironie, de joie et désespoir" (178/221), proche de la *dérision.* Car l'*Ananké* des lois ne saurait s'ajuster aux états d'âme d'un ancien forçat qui lutte désespérément pour échapper à son état de victime. Les sourires de bonheur de Jean Valjean, ceux échangés avec Cosette se feront fugaces (431), navrants (1114), baignés de larmes même. Contrairement à l'attente, le mariage, au lieu d'estomper l'équivoque, vient encore la renforcer. Sur la peur du passé et du souvenir, se greffe celle de l'avenir et de la solitude. Si Madeleine assiste à la noce, c'est vêtu de noir et avec un sourire contraint qui s'achève sur "d'effrayants sanglots" (1080/1088). Au seuil de la mort seulement, son "sourire de spectre" deviendra paisible (1103/ 1143), à l'image de celui de Fantine (233) et de ceux qu'auront plus tard, au moment de disparaître, Dea, Gwynplaine et Gauvain[15].

Car, en un sens, il y a parallélisme dans les itinéraires rieurs empruntés par Jean Valjean et Fantine, la Fatalité des lois et des préjugés se rejoignant dans leur caractère arbitraire et oppressif. Créature édénique, Fantine amorce son parcours sur un don de

---

15. *L'Homme qui rit*, p. 783-784 ; *Quatrevingt-treize, ibid.*, p. 1064.

Dieu : la joie d'un rire d'amour s'ouvrant sur "des dents splendides" symbole de beauté et d'innocence... Malheureusement, avec le ricanement de Tholomyès, le désespoir (115), puis une dérision destructrice, associée à une haine grandissante de la société (146) font leur entrée dans la vie de la jeune fille. Fantine abandonne ses belles "palettes" au dentiste-bateleur, sa bouche devient un "trou noir", sanglant (148). Le *rire divin* s'est mué en *grimace grotesque*. Comme celui de la Sachette, dans *Notre-Dame de Paris*, il aboutit au crachat (154). Mais peut-être aussi, comme celui de Quasimodo à Esmeralda[16], le sourire édenté de Fantine garde encore quelque chose de "sublime", lorsqu'en imagination, il s'adresse à Cosette (160/202-203), sourire prémonitoire, à l'expression "ineffable" qui apparaît sur son visage, au moment d'expirer (233).

2. L'esprit de Cambronne et la Révolution

Le sourire fantomatique de Jean Valjean, la grimace sanglante de Fantine, le rire effrayant d'Eponine constituent une réplique possible, celle du désespoir, à l'arbitraire et à la force. C'est la réponse des misérables vaincus.

A) Or, il existe une autre réaction que celle des rires voilés des pleurs de la *défaite,* celle des pleurs masqués du rire de la *victoire.* Si, au réflexe enjoué de Napoléon (254) — "son impénétrabilité souriait" — avait succédé le sourire crispé ou baigné de larmes de Cambronne, l'une des pages les plus glorieuses de l'Histoire de France, élevant l'hilarité d'un obscur général de la Grande Armée, au rang prestigieux de symbole authentique de l'*esprit français,* n'aurait sans doute jamais été écrite. Ce n'est certes pas un hasard si Hugo consacre un développement particulièrement savoureux à cet épisode tragi-comique de la bataille de Waterloo. Changeant de registre, le grotesque prend ici une tournure réso-

16. *Notre-Dame de Paris,* p. 838-839/ 758.

lument *optimiste*. La raillerie de Cambronne, c'est le refus de la débâcle, l'anti-déroute totale, un veto opposé au mensonge, protestation cosmique "d'un ver de terre", rompant en visière avec la toute-puissance pastiche, et que l'écrivain nous dépeint avec un humour aux accents épiques (271-272) :

> Faire du dernier mot le premier, en y mêlant l'éclair de la France, clore insolemment Waterloo par le Mardi gras, compléter Léonidas par Rabelais, résumer cette victoire dans une parole suprême impossible à prononcer, perdre le terrain et garder l'histoire, après ce carnage, avoir pour soi les rieurs, c'est immense.

Le mot sublime, l'expression de "l'excrément" et par là-même, du "dédain titanique", est tout autant fruit d'une définition "d'en haut" que la Marseillaise. Si le rire ne saurait vaincre la mort, il peut en tous les cas, mettre ses mandataires en question. Cambronne, dont le face à face avec Wellington annonce celui de Gwynplaine avec les Lords[17], c'est le refus de la prise au sérieux du monde, à la fois "chant suprême" et "cri terrible" (272). De là, un signifié allégorique, résurgence d'une époque, voire d'une culture, et dont Hugo, poursuivant une réflexion amorcée dans *Notre-Dame de Paris,* découvrira les sources dans les forces vives populaires.

En effet, parent proche de Cambronne, Gavroche livre une bataille comparable à celle de son homologue général, en opposant la "gaminerie", cette "nuance de l'esprit gaulois", à tous les aléas tragiques et moins tragiques de l'existence (457-472). Son rire, émanation de la pureté des origines, est à l'exact antipode de ceux de Thénardier, Javert ou même Jean Valjean. Allié de Rabelais plus que de Talleyrand, le gamin choisit de lutter contre le malheur et l'injustice, par le fou rire et la bouffonnerie grotesque (457-458). Comme Cambronne, Gavroche est transformé en symbole, mais cette fois, de chair et de sang. A la fois effronté et respectueux des vraies valeurs, le gamin, "poignée de boue" à laquelle se rattache un "souffle", a l'envergure du premier homme. Maillon d'une chaîne, débutant au Moyen Age et passant par

17. *L'Homme qui rit*, p. 736-747.

Molière, Voltaire et Beaumarchais (458-459), *l'homuncio,* "cet être qui braille, raille, gouaille, bataille", représente une tradition d' *ironie* (466) qui, par la "fantasmagorie farce", dégonfle toutes les fausses sublimités sociales, religieuses et institutionnelles. Son rire, dressé contre les moindres manifestations de l'arbitraire, est d'abord expression d'indépendance. C'est la joie d'une liberté déguenillée. *Liberté* de se moquer de tout, du bourgeois comme de la guillotine (464/761). Mais liberté aussi de donner, avec *humour,* aux vieillards comme aux enfants abandonnés. Mêlant les grimaces d'un vieux bateleur au sourire le plus ingénu (470-471), l'hilarité du gamin, en rapport avec la souffrance essentielle, atteint une profondeur dépouillée de tout maléfice. Il existe un rapport direct entre le tragique d'une existence et le rire dont Gavroche, désinvolte parce que "malheureux", (466) ne se départira pas, jusqu'à sa mort sur les barricades. Jehan Frollo n'est pas loin, sans doute, mais Gavroche nous paraît ajouter une nuance de plus : la *détresse.*

B) Si Gavroche et Cambronne offrent des exemples caractéristiques d'un *esprit gaulois* en plein essor, il semble qu'en un deuxième temps, Hugo cherche à définir le concept, en le rattachant à une inspiration qui dépasse le cadre étroitement national, pour déboucher sur l'universel. A cet égard, point de rencontre de plusieurs cultures et influences, *Paris* joue un rôle privilégié. C'est parce qu'on y décèle un alliage de "nudité grecque, d'ulcère hébraïque et de quolibet gascon" (467), c'est-à-dire une combinaison de *sagesse,* d' *inquiétude* et de *gouaille,* que le génie français se focalise sur la note dominante ironique[18]. Une ironie de haute qualité, certes, mais, de par sa composante acerbe, non exempte de mansuétude à l'égard de la laideur cruelle, comme en témoigne l'hilarité douteuse des foules, lors des exécutions, place de la Grève (467). Cette faiblesse du rire gaulois qui "amnistie", ne saurait, pourtant, constituer un vice rédhibitoire au regard de l'ensemble. En effet, à l'apport de l'extérieur, "Diogène, Job et

18. *Paris*, vol. Politique, p. 27.

Paillasse", orientant le phénomène vers l'introversion, donc vers la *profondeur,* s'ajoute un impact local qui l'ouvre à la liberté.

"Railler", c'est en quelque sorte "régner"[19]. L'éclat de rire de Paris a ce pouvoir, quand il ne se limite pas à la seule insouciance ou à la joie du carnaval (468). Mélange composite résultant d'une combinaison entre le "burlesque" et le "grandiose" — ailleurs Hugo aurait dit: le *grotesque* et le *sublime* — cette hilarité aboutit à la fête révolutionnaire. La "gaieté" et la "foudre" fusionnent pour éclater dans un gigantesque mouvement de protestation moqueuse contre l'arbitraire et la tyrannie. Remontant aux premiers âges de l'humanité, le rire-révolution traverse l'histoire, y acquiert une puissance quasi mythique, relie, en passant par les tours de Jericho, "la torche de Prométhée" avec le "brûle-gueule de Cambronne" (469). Car c'est en période de crise, où la spontanéité populaire rejoint l'événementiel tragique, que le phénomène va donner toute sa mesure ... Waterloo, mais aussi les journées d'insurrection, choisis à dessein, constituent pour Hugo un terrain d'expérience idéal.

Ainsi, les jeunes amis de l'ABC, qui mourront sur les barricades, se définissent, non seulement par leurs *idées,* mais également par leur rapport au *comique* : verve, "beauté du diable de l'esprit" de Coufeyrac, bonne humeur tapageuse de Bahorel, sarcasme fataliste de Legle, excentricité "sagace" de Joly, ironie sceptique de Grantaire ... autant de manifestations variées de *l'entrain,* cette "chose française",[20] rapproché par l'auteur de *l'humour* , cette

---

19. Dans *Cromwell,* Théâtre I, p.152, le rire et le règne n'ont pas été confondus par le bouffon :
"Hé, chacun nos métiers
Il règne, nous rions ..."

20. Esprit français que Hippolyte Taine, vers la même époque, essaiera de définir comme "wit", en le comparant à l'humour anglais. Voir *Notes sur l'Angleterre* "De l'esprit anglais", Paris, Hachette, 1890, p. 338-345. Dans deux textes, vol. *Océan,* Laffont, 1989, Hugo avait, d'un autre côté, pris ses distances par rapport à l'esprit français : « J'aime tout de la France, excepté cette chose souvent inqualifiable qu'on est convenu d'appeler l'esprit français. L'esprit français ! cela met la parodie dans tout, dans les plus grandes épopées comme dans les plus solennelles tragédies. L'esprit français fait sortir brusquement des plus

"chose anglaise" (513-531), et qui permettent, l'un et l'autre, de faire face aux aléas de l'existence et à l'agression d'un monde hostile. "Paris montre toujours les dents, quand il ne gronde pas, il rit" (469), précise l'auteur. Pourtant, et les journées d'émeute en apportent confirmation, *grondement* et *rire,* loin de s'exclure toujours, se complètent parfois. Le "fredonnement populaire" du gamin de Paris accompagne les signes avant-coureurs et le déclenchement de l'insurrection (845-846). "Au moment bouffon, le sérieux même fait son entrée" (531). Le rire authentique se place aux antipodes de la niaiserie et de la pitrerie sans profondeur.

Mêlant sa "gaieté formidable" à "l'épouvante" (838), l'hilarité, révolte essentielle, "l'éclat de rire ténébreux des meurt-de-faim" (928) explose au sein même de l'émeute (959). Etrange et paradoxale ambiance que celle de cette ville, alliant la grandeur de Napoléon à la gaieté de Voltaire, où le sarcasme des insurgés fait écho à la légèreté des vaudevilles, représentés dans le voisinage du soulèvement (838-840). Du sourire accompagnant la distribution des cartouches (872) aux bouffées moqueuses accueillant la mitraille (944), la veine railleuse, antidote à la peur et au danger, croit avec la montée des périls (959) et s'emploie à refouler, en chacun, l'idée d'une mort imminente :

> Les cartouches des assiégés s'épuisaient ; leurs sarcasmes non. Dans ce tourbillon du sépulcre où ils étaient, ils riaient (981).

Il semble que Victor Hugo veuille attribuer au rire de révolution une dimension symbolique que le seul paramètre humain n'est pas en mesure de lui donner. Il fera de la barricade de Saint-Antoine une "créature démesurée", espèce de cyclope grotesque, "avec ses cavernes, ses excroissances,ses verrues, ses gibbosités" ricanant sous la fumée (926-928) et faisant feu dans "une sorte de rage et de joie" (959).

---

sombres questions je ne sais quel éclat de rire fade mesquin et inattendu. Il lui suffit d'un trait de plume pour changer Babel en Babet (156) (...) Il y a une Gaule (France) ironique, mais il y a une France enthousiaste et il est certain que l'âme française est plus forte que l'esprit français et Voltaire se brise à Jeanne d'Arc » (219).

Il y a presque identité de situations et de perspectives entre les émeutiers de 1832 et le dernier carré de Waterloo, entre Coufeyrac et Cambronne. S'élevant contre les prétentions grotesques des puissants, leur rire permet d'accéder à la *dignité,* celle du refus de toute veulerie devant l'homme, ou de lâcheté devant la mort (981). Face à l'idée d'une fin inéluctable, le phénomène atteint une profondeur indicible, dont Hugo s'emploie encore à souligner le paradoxe. Le seul sourire évoqué dans le texte, à propos d'Enjolras, est celui qui fleurit sur ses lèvres, au moment de tomber (987). De même pour Gavroche : devenu sur les traces de Cambronne, le symbole de l'héroïsme révolutionnaire gaulois, le gamin de Paris offre au monde, au milieu des chants (846-853), du rire, des calembours et des grimaces (918), un exemple de lucidité poignante, celui d'un "jeu de cache-cache effrayant avec la mort" (961).

3. L'ouverture à l'humour : une gestion préférentielle

Le rire, dit Bataille, "est assumé par la totalité de l'être"[21]. C'est suggérer que "les joies de l'ombre" et les "gaietés des géants" (254-255) ne seront pas seules à être évoquées dans Les Misérables. Aux exultations de toutes sortes, ayant pour foyer et but commun, une mise en question permanente, font face — tel un démenti opposé à une orientation sceptique envahissante — des rires plus amènes qui puisent leur inspiration dans le "suprême sourire de Dieu" (254), avant de déboucher sur *l'humain.*

A) Si les premiers chapitres s'ouvrent sur l'humour de Mgr. Bienvenu, c'est que la propension de l'évêque à l'indulgence lui dicte une attitude contraire aux "escarpements du rigorisme" (14). Il n'est pas impossible que Hugo, par le truchement de ce personnage, ait voulu apporter ses réserves concernant une conception chrétienne orthodoxe, transformant le rire en phénomène satanique, et dont Baudelaire s'était fait l'interprète, quelques années

21. Mikkel Borch-Jakobsen, *art. cit.*

auparavant[22]. Il y a, en effet, un abîme entre la perspective de Myriel et la rigueur du couvent de la petite rue Picpus. D'entrée de jeu, en effet, la règle bernardine, n'autorisant que la prière et les pleurs, évacue le rire, accusé de troubler les religieuses dans leur recueillement (379/386). Or, cette exigence, Hugo ne l'accepte pas. Il l'accepte d'autant moins, semble-t-il, après s'être heurté à l'inflexibilité religieuse dévoyée de Claude Frollo et à son ricanement diabolique. Le dialogue avec autrui, et partant avec Dieu, passe non seulement par le verbe, mais encore par le rire d'accueil. Seule, une vue distordue de la foi peut rattacher la joie naturelle des petites pensionnaires, leurs spontanéités, leurs mots, aux forces du Mal (386-396).

Myriel est un *humoriste*. Spirituel, affable, gai, pétri d'indulgence et de modestie, il possède une qualité essentielle, celle de s'opposer au funeste esprit de gravité. Loin d'éloigner les créatures de la sainteté et de la ferveur, son rire, espèce d'ironie socratique légère, destinée, non à disqualifier l'autre, mais à l'aider à prendre conscience de ses devoirs, devient à la limite, moyen pédagogique. Usant, à l'occasion, d'une "raillerie douce", à fond "sérieux" (13), ouvert aux mots d'esprit, l'évêque de Digne, chez qui rien ne rappelle le "difforme" ou "l'horrible", se situe aux antipodes du grotesque. L'écrivain lui attribue le rayonnement sublime d'un ange (44-46). Pourtant, le sourire de béatitude, éloigné de toute contrainte, n'est pas le fait unique des natures généreuses qui s'épanouissent dans la religion établie. Certaines âmes d'élite, tel le conventionnel, découvrent leur vérité en dehors des voies tracées par les Eglises officielles (30-39). Hugo n'éprouvera aucune difficulté à insérer leur rire dans la "réverbération de la lumière divine", celle rattachée à la "grande Loi" de la nature (952), qui trouvera sa plénitude dans les joies familiales (54), l'innocence enfantine (87-88/118/455-456) et l'extase amoureuse, dont les noces de Cosette et de Marius constituent l'expression idéale (819-820/1053-1054).

---

22. En 1860, dans un reliquat, Hugo avait écrit : "Je suis dans l'ombre sévère de l'exil et du devoir ; je ris de peu de chose ; et il y a deux choses dont je ne ris jamais, c'est le crime et c'est la vertu", vol. *Océan*, p. 277.

B) Un discours qui privilégie la tonalité humoristique et le sourire amène, délivre, c'est l'évidence, un message différent d'une écriture où dominent l'ironie et l'agressivité. Bien avant *Les Misérables, Han d'Islande* et *Notre-Dame de Paris* développent une thématique sur deux registres : celui des personnages, interprètes des rires multiples, insérés dans le récit par l'écrivain ; et celui de l'auteur, émettant un jugement comique par rapport aux options de ses porte-parole et aux orientations de son propre texte. Ces œuvres révèlent, en outre, une tendance qui paraît se confirmer dans *Les Misérables* : la préférence donnée à *l'humour* pour la description des individus et de leurs éventuelles faiblesses, et l'application plus spécifique de *l'ironie* à la critique de certains principes et des institutions qui en émanent. L'humour de Mgr. Bienvenu, c'est l'humour de Hugo exprimant à la fois sa sympathie profonde pour toute forme de religion, éloignée de la "vertu féroce" (14) et du dogmatisme ; et sa réserve moqueuse à l'endroit de la libre-pensée et du matérialisme philosophique (27-28). Si l'ironie apparaît dans le texte et semble gagner du terrain, par la suite, aux dépens de l'humour, c'est, sans doute, parce que le récit abandonne progressivement la ligne idéale, imprimée par la présence de Mgr. Bienvenu, pour s'occuper plus spécifiquement des réalités concrètes et souvent tragiques de l'existence.

A titre d'exemple : alors qu'au début de la description du Petit Picpus, le sourire de l'auteur est absent de l'écriture, comme il est absent du couvent (379), l'accumulation des détails sur les sévérités de la règle ne tarde pas à susciter ses remarques railleuses. Victor Hugo nous contera avec délice, les entorses faites aux normes conventuelles, ses gaietés et ses distractions. Pourtant, même s'il ironise sur les problèmes d'adultère et de virginité des jeunes pensionnaires (386-390), ou sur les facéties quasi grivoises de la sœur centenaire, il faut remarquer qu'il garde en la matière, une prudence de bon aloi, confinant au respect (400-405). Tout se passe comme si, en cours d'exposé, l'auteur éprouvait un regret de s'être laissé aller, à propos de la discipline monacale, à certains écarts de langage[23] :

---

23. Baudelaire, *op. cit.*, p. 371. "Le sage ne rit, ne s'abandonne au rire qu'en tremblant".

Nous ne comprenons pas tout, mais nous n'insultons rien. Nous sommes à égale distance de l'hosanna de Joseph de Maistre, qui aboutit à sacrer le bourreau, et du ricanement de Voltaire qui va jusqu'à railler le crucifix (401).

Sans doute, Hugo se doit de dénoncer la superstition et l'hypocrisie, mais dans le cas de la vocation monastique, où "tout est sérieux, le bien comme le mal", la moquerie ne saurait être de mise (411). Le mauvais sourire et la malignité ne peuvent déboucher que sur un débat faussé, donc irrecevable.

C) Ce n'est probablement pas un hasard si, immédiatement après cette conclusion à une analyse mi-sérieuse, mi-facétieuse de la vie claustrale, associée à un exposé idéologique sur l'adoration perpétuelle et la foi, l'auteur a cru bon de placer l'un des chapitres les plus inoffensivement cocasses de son œuvre (415-453).

La présence de Jean Valjean et de Cosette dans un couvent, où toute intrusion masculine est prohibée, crée une situation ambiguë, requérant un traitement adéquat au niveau du dénouement. Seule, une pirouette est à même de sauvegarder son attrait à une intrigue ayant pour souci, le détournement d'une norme inflexible. Le décès d'une religieuse jouant le rôle de catalyseur narratif, la fibre comique vient se greffer sur une réalité tragique. Dès lors, le texte oscille entre deux pôles : *l'humour* et *l'humour noir,* le premier, plus en rapport avec l'échange verbal, et le second, avec une situation tragi-comique équivoque. Impact de la composition dramatique[24], l'humour hugolien jaillit d'abord sous forme d'une conversation, pleine de vivacité, entre la prieure et le père Fauchelevent, autour de l'arrangement recherché pour donner une sépulture à la défunte, dans l'enceinte du monastère. Cet échange est suivi d'une harangue de la mère supérieure, parodie d'une justification herméneutique, sur le mode byzantin, de l'entorse faite par les pseudo-impératifs de la foi à la loi temporelle. Le dialogue, truffé de détails bouffons, est d'autant plus comique, que les dévelop-

---

24. Anne Ubersfeld, *"Les Misérables*, théâtre-roman", in *Lire Les Misérables,* Paris, Corti, 1985, p. 119-134.

pements précédents, concernant la règle des saintes filles, cotoyaient le sinistre (422-429).

Un des ressorts comiques de la suite de ce chapitre réside dans l'usage répété des *quiproquos* : celui disposé par Fauchelevent et Jean Valjean, dans le but de contrer la subtilité casuistique de la prieure ; et celui, mis en place avec la coopération involontaire d'un fossoyeur, dont la mort subite constitue le prétexte essentiel à l'insertion de la note *burlesque* dans le texte. "En voilà une farce"... Significativement lapidaire, l'exclamation de Fauchelevent constate, à l'arrivée au cimetière, le remplacement du père Mestienne par un fossoyeur intérimaire, qui, sous bien des aspects, rappelle le Spiagudry de *Han d'Islande*[25]. La mise en scène hugolienne est conçue dans une perspective rieuse, face à une situation qui ne l'est guère. Comme l'on sait, l'angoisse de l'enterré vivant constitue un topos à la mode dans le roman noir de l'époque . Mais à l'opposé de l'atmosphère lugubre régnant dans les récits traditionnels — l'aventure horrible que nous conte Flaubert dans *Rage et impuissance* en est un exemple frappant[26] — celle imprimée ici se veut délibérément insouciante, à la limite parodique (430-445) ... Les choses, en effet, ne tardent pas à rentrer dans l'ordre. Jean Valjean échappe à son sépulcre. Après un interrogatoire en règle de la prieure, par Fauchelevent interposé, l'ancien forçat réintègrera officiellement le Petit Picpus (445-448).

D) En rapport avec un élément essentiellement volatil, les concepts d'*humour* et d'*ironie* restent rétifs à toute définition qui tenterait de les saisir dans leur intégralité. De ce fait, caractériser un texte comme unilatéralement soumis à l'une de ces influences, est malaisé. Dans *Les Misérables* pourtant, et la constatation rejoint celle que nous avons faite au début du chapitre, l'écrivain incline à intensifier la pulsion *humoristique,* dans les pages où il évite de censurer les hommes et les institutions : la rencontre entre

---

25. *Han d'Islande*, p. 44-49.

26. Joë Friedemann, "De Melmoth à Gwynplaine : aspects du rire noir romantique", *art. cit.*

Marius et ses nouveaux compagnons, par exemple (522-525) ; ou bien encore, la prise en charge de deux frères inconnus par un Gavroche, plein de vivacité et de chaleur protectrice (747-764). Mais surtout, cette veine se déploie dans les discours-monologues, propices à la présentation, sur le mode léger, d'une réflexion adressée à un lecteur recherché comme complice. Le Moi de l'intervenant, dans une appréhension qui se veut éloignée, autant que faire se peut, d'une prise au sérieux de soi-même, vient s'y mesurer verbalement aux aléas du monde extérieur. Remarquables à cet égard, sont les harangues de Tholomyès (108-111), de Grantaire (860-862) et de Gillenormand (1064-1066/ 1083-1085) qui rappellent les discours de Gringoire dans *Notre-Dame de Paris*[27] et précèdent les extraordinaires soliloques d'Ursus dans *L'Homme qui rit*[28].

4. L'ironie : un profil à double tranchant

Dans deux domaines cependant, cela n'est pas neuf, Hugo semble abandonner l'humour de caractère bénin, pour adopter un ton délibérément *ironique,* rappelant la touche voltairienne : *l'arbitraire* du pouvoir, l'injustice déguisée en justice; ainsi que le vaste champ de la *bêtise* humaine : deux forteresses inexpugnables à l'assaut desquelles l'écrivain ne cessera jamais de monter. C'est parce qu'il existe une bêtise individuelle, "splendide ... sans une seule tache d'intelligence", comme celle de Mlles Gillenormand et Vaubois (479-480), qu'on en arrive à la solennelle imbécillité de toute une société qui, soucieuse de formalisme cérémoniel, plus que de faim dans le monde, se montre incapable de faire la part de l'essentiel et de l'accessoire (291). De même, la critique vitriolée des institutions judiciaires, amorcée sur fond de grotesque, lors de la mise en jugement de Quasimodo[29], se poursuivra avec le pro-

---

27. *Notre-Dame de Paris*, p. 555-561/ 567-568/ 675-676.
28. *L'Homme qui rit*, p. 569-572.
29. *Notre-Dame de Paris*, p. 631-636.

cès de Champmathieu. Cette fois, ce n'est plus "la bêtise réjouissante" des juges qui est raillée, mais l'éloquence dépourvue d'émotion du défenseur, la rhétorique violente et "fleurie", opposée à toute recherche objective de la vérité, de l'avocat général (206-214). Dans les deux cas, la distorsion de la justice[30], l'institutionnalisation du bon plaisir provoquent chez Victor Hugo une *ironie* corrosive, contrecoup de sa *révolte* essentielle.

Mais l'arbitraire et la bêtise trouvent leur apothéose dans un troisième domaine qui ne leur cède en rien en matière de cruauté oppressive : celui de la *guerre,* émanation mensongère et destructrice d'une souveraineté dévoyée. Le chapitre "Waterloo" ne met pas seulement l'accent sur le rire auto-satisfait de Napoléon, "la fracture par le dédain" de Cambronne, l'ébauche de ricanement de Thénardier, il fait surgir le sarcasme d'un auteur que les excès du pouvoir, avec leur corollaire, la banalisation du mal et de la mort, scandalisent jusqu'au tréfonds :

> L'incendie, le massacre, le carnage, un ruisseau de sang anglais, de sang allemand et de sang français furieusement mêlés, un puits comblé de cadavres (...), et tout cela, pour qu'aujourd'hui un paysan dise à un voyageur : *"Monsieur, donnez-moi trois francs : si vous aimez, je vous expliquerai la chose de Waterloo"* (246-247).

Seul, semble-t-il, le *persiflage,* d'ailleurs souligné dans le texte, est en mesure de traduire la profonde indignation de l'auteur, devant une réalité aussi laidement absurde que comiquement tragique.

A) Mais en même temps, cela déjà a été noté, à l'inverse de cette perspective, l'ironie, associée au scepticisme, "cette carie de l'intelligence" (521), va se heurter à la réserve, voire à la défiance de l'écrivain. A cet égard, le traitement des personnages de Tholomyiès et de Gillenormand est caractéristique. Leur comportement sera jaugé de manière totalement distincte : mépris mêlé de

---

30. Voir à ce propos, Josette Acher, "L'Ananké des lois" in *Lire Les Misérables*, p. 151-171.

crainte pour le pyrrhonisme de l'étudiant ; estime attendri, plein d'humour parfois, pour le pseudo-cynisme de l'aïeul. A l'instar du processus narratif, illustré dans l'épisode du couvent — l'insertion de tableaux ou de circonstances ponctuelles précédait l'analyse historique et idéologique — la description de Gillenormand annonce la peinture, en profondeur, de la société *ultra* où il évolue. Cependant, opposé au récit de la trahison de Tholomyès, le ton est empreint de prudence, d'une certaine indulgence, mêlée de commisération. Sans doute, Hugo décrit-il ce "monde momie", avec ses maîtres "embaumés" et ses valets "empaillés (...) petit monde nouveau et vieux, bouffon et triste" (492-494), sur un ton doucement railleur. Mais en même temps, comme pour le phénomène religieux, il prend du recul par rapport à certaines attitudes extrêmes, la dérision, en l'occurrence, se situant au même niveau que la haine ou l'arrogance (35), pour lesquelles il n'éprouve que fort peu d' inclination.

Humour, ironie, jugement sur fond narquois de faits sociaux ou religieux abusifs... détermination en matière de langage comique[31] ... le registre de l'auteur recouvre, également, une prise

---

31. Plus particulièrement dans le domaine du *calembour*, pour lequel Hugo avait, on le sait, un certain faible. Il nous semble superflu de réexaminer, ici, les idées de l'écrivain à ce sujet, après l'intéressante étude proposée par Nicole Bilous. Contentons-nous de quelques remarques s'inscrivant dans le cadre de ce travail ... A partir d'une formule connue : "le calembour est la fiente de l'esprit qui vole", Hugo consacre à ce divertissement verbal au second degré, une espèce de défense et illustration contrôlée, située à mi-chemin entre le mépris et l'acceptation. En bref : bien que parfois" médiocre jeu de mots" et agaçant (108), le "lazzi" ne devrait pas être taxé, automatiquement et sans apppel, d'indigence patentée (43) ... Hugo jugera l'amphibologie à la "pointe" autant qu'à la "modération" (108). Il oppose "l'étincelle de la vieille roche" aux saillies naïves et plates (484-485), peu aptes à susciter l'enthousiasme. Parmi les calembours à indice positif, il range, d'une part, ceux "dont on aurait tort de rire", jeux de mots graves qui expriment une pensée pénétrante : " On se déclarait les amis de l'ABC - l'Abaissé, c'était le peuple. On voulait le relever" (514). D'autre part, les traits imprégnés d'un humour de bon aloi, associé aussi bien au divertissement du lecteur qu'à celui de son auteur. Ainsi, l'écrivain s'amuse visiblement en nous rapportant les avatars subis par le nom d'un des jeunes révolutionnaires: de Lesgueules, Legle, L'Aigle (de Meaux) à Bossuet, ce "garçon gai qui avait

de position épistémologique. De manière inattendue, Victor Hugo portera un regard *critique,* à la limite du dénigrement, sur certains aspects contemporains du phénomène rieur.

A l'origine, Gillenormand n'est pas le porte-parole officiel de l'écrivain. Ce rôle, il l'assumera pourtant quand, libéré de sa gangue d'égoïsme, il adoptera une attitude plus chaleureuse, celle d'un grand-père, soucieux du seul bonheur de son petit-fils. Les discours extatiques, à l'occasion des noces de Marius et de Cosette, témoignent de ce revirement. Présenté naguère, dans une approche hostile, comme une "illusion" (110/820), accolée à l'ironie et à la dérision, l'amour devient pour Gillenormand, en opposition totale aux propos de Tholomyès, concrétisation du sublime (1080-1082), félicité absolue (1066)... "La sagesse, c'est la jubilation", puisqu'elle s'ouvre à la femme, à la beauté, à la vie. Malheureusement, constate-t-il, il s'agit là d'une aspiration à un *idéal* en voie de disparition. Car, si la gaîté est un impératif catégorique au plan psychologique, il ne semble pas qu'elle soit restée telle pour l'homme du 19e siècle. Selon toutes apparences, en effet, la joie fait partie d'une vision culturelle oubliée. Le plaidoyer de l'aïeul pour le bonheur présent et futur du jeune couple se double d'une référence nostalgique aux valeurs du passé. L'art des fêtes et la joie d'antan sont opposés au "sérieux" et à la veulerie du monde bourgeois contemporain. "La gentillesse des mœurs

---

du malheur" (519) ... l'enchaînement offre l'exemple d'un *jeu de langage*, dont la pointe finale, à base de substitution, cache une logique aussi subtile qu'insolite. Il en sera de même pour la chronique concernant le cabaret Corinthe, avec ses rébus et inscriptions de toutes sortes, confondant philosophie et art culinaire : le Pot aux Roses débouche sur le Raisin de Corinthe, le Carpe Horas, sur les Carpes au gras... Autant de trouvailles dérivées de l'*ellipse*, ce "zigzag de la phrase" (856-857), et qui constituent un décor souriant, un ensemble de "gaietés préalables" au déclenchement imminent de l'émeute (859).

Freud qui aimait, lui aussi, faire des calembours, "pour la bonne cause", partageait l'opinion de Hugo en ce domaine. Faisant appel à des mécanismes plus simples ou plus archaïques, le calembour serait "mauvais", d'une nature inférieure, contrairement au mot d'esprit qui serait "bon". Voir Simon-Daniel Kipman, "La Gloire du calembour" in *Freud et le rire*, éd. A. Willy Szafran, Adolphe Nysenholc, Paris, Editions Métailé, 1994, p. 59-70.

anciennes (...) les larges bouches riantes", celles que l'on découvre dans les peintures de Watteau, d'Oudry ou de Boucher, se heurtent, et c'est regrettable, au pessimisme croissant d'un siècle dont les mœurs vont se dégradant (1065-1066).

B) Poursuivant le fil de sa réflexion, l'écrivain place au centre des interventions de Gillenormand, une digression où il procède à une critique sévère du *carnaval* contemporain, considéré comme fait de société. Dans *Notre-Dame de Paris,* Hugo avait exprimé une sympathie sans équivoque pour le rire populaire. Il y avait vu, comme Rabelais, la manifestation de l'élan vital, de la spontanéité, d'une authenticité plongeant ses racines dans la nature profonde de l'homme. Essentiel à la structure cognitive de l'esprit, le phénomène rieur reflète aussi une conception de la vie et du monde. Or, suggère l'auteur, c'est à ce niveau qu'il semble y avoir eu évolution. Le rire a subi, depuis le milieu du 18ᵉ siècle, des altérations au signifié inquiétant. Dans son chapitre à l'intitulé évocateur, "Argot qui pleure et argot qui rit", Hugo avait mis l'accent sur l'apparition d'une expression rieuse nouvelle, d'une "gaîté diabolique et énigmatique" dans le monde de la chiourme, témoignant chez les forçats d'une perte de tout sens moral et d'une tendance croissante à l'introversion (787). Avec le temps, le rire s'est *détérioré*. La superficialité grotesque et le faux sérieux bourgeois aidant, il a dévié progressivement vers une espèce d'hilarité forcée, perversion des anciennes exaltations populaires, jusqu'à devenir, à la limite, ricanement *noir* et maléfique.

Les preuves tangibles de cette dégradation, Hugo les trouve, avec ses conséquences diverses, dans le cadre du *Mardi gras* parisien dont il esquissera une sorte d'historique. Vu sous l'angle de l'idéal, le carnaval d'autrefois, falsifié par une époque de décadence, s'est transmuté en une "mascarade" qui est allée se couler dans le carême prenant généralisé de la vie quotidienne. Au fil des ans, il y a eu glissement de l'authentique à l'artificiel, tel un déguisement plaqué sur un autre déguisement. La "saturnale" antique s'est muée en Mardi gras inculte, la "bacchanale inondée de soleil" en "chie-en-lit" grossière. A telle enseigne que, à l'instar de ce qui s'était produit dans le monde de la misère, l'essence du rire en a été affecté. Donnant dans la démesure, il a pris un caractère ambigu. Ce que l'écrivain reproche principalement au Carnaval de son époque, c'est d'avoir renié sa vocation première. De parodie du monde, à empreinte psychodramatique, d'image d'une réalité renversée, mais aisément remise à l'endroit, car fondée sur des critères religieux, sociaux et politiques reconnus et respectés[32], il est devenu *caricature* de parodie, travestissement au second degré, reflet d'une matérialité impliquant une détérioration des valeurs, les fausses valeurs étant destinées à remplacer les vraies.

L'analyse de Hugo correspond sans doute à une vue objective des choses. Assez curieusement, elle se verra corroborée par les remarques d'Emile Zola sur la *dégradation* de la gaieté française, quelques années plus tard, dans *Le Petit Journal* du 13 Février 1865. Se référant aux initiatives d'une espèce d'entrepreneur-négociant en rire factice, proposant en location, des "hommes gais" pour les bals publics de la capitale, "à raison de deux francs l'heure par homme", Zola constate que la vraie jovialité française est en voie de disparition. La France, dit-il, "paie ses rieurs et de bonne foi s'imagine, à les regarder rire, qu'elle rit elle-même". De là, une vérité d'expérience dont il faut savoir mesurer les conséquences : "Vous ne sauriez croire combien le rire est malsain, lorsqu'il n'est pas naturel"[33]. Convergence surprenante, par conséquent, chez ces deux écrivains dont les observations ne sont peut-être pas sans rappeler aussi l'esprit de décadence et fumiste qui trouve son plein développement dans les dernières décades du 19e siècle[34].

---

32. Maurice Lever, *Le sceptre et la marotte,* Fayard, 1983, p. 19.

33. Voir Jean-Claude Morisot, "Le frénétique et le quotidien : Hugo, Zola et le rire de force", *Nineteenth Century French Studies*, vol. 18, 1990, p.474-481. Cette "chronique" du *Petit Journal* est reproduite dans l'ouvrage de Martin Kanes, *L'Atelier de Zola. Textes de journaux*, 1865-1870, Genève, Droz, 1963.

34. Pour cette question, voir Daniel Grojnowski, Bernard Sarrazin, *L'Esprit fumiste et les rire fin de siècle*, anthologie, Paris, Corti, 1990; Daniel Grojnowski, *Aux commencements du rire moderne, l'esprit fumiste*, Corti, 1997 ; Elisabeth Pillet, "Cafés-concerts et cabarets" in *Romantisme*, 75, 1992 ; Denys Riout, "Les salons comiques", *ibid.* ; Marie-Françoise Melmoux, "Fin de siècle, grand mardi gras de l'esprit", *ibid.*

Mais si l'analyse de Victor Hugo s'appuie sur des éléments concrets, peut-être résulte-t-elle aussi en partie, d'un examen qui lui aurait été inspiré par certaines convictions politiques, au cours des années cinquante. L'auteur, en effet, parle d'une "gloire faite de toutes les hontes" — espionnage, prostitution, infiltrations policières, défilés de partisans d'un régime honni — autant de "turpitudes" qui, loin de choquer les foules, semblent au contraire les avoir transportées d'enthousiasme. Engouement de mauvais aloi, laisse entendre Hugo, car opposé aux robustes réjouissances populaires de l'antiquité et du Moyen Age. En bref, le rire, soumis au pouvoir, est devenu cynique et impur :

> Le rire de tous est complice de la dégradation universelle. De certaines fêtes malsaines désagrègent le peuple et le font populace (...) Paris est la grande ville folle, toutes les fois qu'il n'est pas la grande cité sublime. Le carnaval y fait partie de la politique. Paris, avouons-le, se laisse volontiers donner la comédie par l'infamie. Il ne demande à ses maîtres — quand il a des maîtres — qu'une chose : fardez-moi la boue. Rome était de la même humeur. Elle aimait Néron (1075-1077).

La comparaison n'est pas particulièrement élogieuse. Mais avant tout, elle semble contredire certaines conclusions tirées précédemment. Naguère, "railler" signifiait "régner". Le rire de Paris était un "éclair formidable", symbole d'autorité et de liberté (468-469). Il est devenu bassesse, complaisance, il s'est ouvert à la déchéance. Asservi, le Paris du Mardi gras a délaissé Prométhée et Cambronne ... Si le rire de la Fête des fous, sous l'emprise de la volonté populaire, constitue le symptôme manifeste d'un renversement temporaire des valeurs, celui du *carnaval* au 19ᵉ siècle est le signe même d'un bouleversement profond dans l'ordre des données. Ce n'est plus le monde, mais le rire lui-même qui, sous la poussée d'une réalité distordue, s'est inversé dans une espèce de processus auto-destructeur aboutissant au sabordage de sa vocation première :

> — Tiens, dit un masque, une noce.
> — Une fausse noce, reprit un autre. C'est nous qui sommes la vraie (1077).

Le Mardi gras débouche sur l'aberration d'une réalité, à laquelle on a retiré son caractère de véracité, pour l'attribuer à une situation comiquement avilissante.

* *

*

Cette digression en matière de rire carnavalesque, de par sa place dans l'ouvrage et les opinions émises, ne laisse pas de surprendre. Y aurait-il ici, outre la constatation d'un déclin culturel, amorce d'une réflexion, tentée par Victor Hugo, pour distinguer, au plan théorique, entre un grotesque authentique et un grotesque frelaté ?... Toujours est-il que le passage constitue une antithèse, aussi bien à la gaieté rieuse des noces de Marius et Cosette, qu'au sourire extatique de Jean Valjean, au moment de mourir. Tout se passe comme si l'écrivain tenait à souligner, une dernière fois, l'écart existant entre une certaine laideur *grotesque* du quotidien et cette aspiration au *sublime,* à laquelle il a été fait allusion plus d'une fois, l'expressivité rieuse remplissant, en la circonstance, un rôle essentiel.

CHAPITRE V

"CET INQUIÉTANT RIRE DE L'ART" : *WILLIAM SHAKESPEARE* ET LES ŒUVRES CRITIQUES

Pour peu que l'on fasse de *William Shakespeare* une "défense et illustration" des *Misérables*[1], on serait fondé entre autres, à considérer certaines des observations de cet essai, comme un complément à la réflexion entamée précédemment sur le Mardi gras parisien, voire à y trouver une ébauche de réponse à la question posée en conclusion au chapitre précédent. Le vrai rire, rire authentique et non frelaté, serait, dès lors, celui qui émanerait de l'intégrité idéologique absolue des "hommes océans", dont Hugo s'apprête à nous tracer le portrait intellectuel.

Tout se passe comme si, après plusieurs décades de créativité littéraire, Hugo ressentait la nécessité de procéder à un réajustement de l'ensemble de ses vues littéraires et philosophiques. Manifeste du mouvement romantique, *William Shakespeare* ne l'est sans doute pas moins que la *Préface de Cromwell*. Mais si, associés à une évolution des arts et des cultures, ces deux essais consti-

---

1. Bernard Leuilliot, notice sur *William Shakespeare*, Vol. Critique, Laffont, 1985, p. 738.

tuent, à une quarantaine d'années d'intervalle, l'essentiel d'une poétique hugolienne en plein développement, ils sont loin de puiser aux mêmes sources et d'aboutir à des conclusions identiques. Parmi les thèmes abordés, il semble que le *grotesque,* auquel se réfère particulièrement la *Préface,* se verra négligé dans *William Shakespeare* et les écrits philosophiques ou critiques annexes, au profit d'une exploration de ses épiphénomènes rieurs. L'économie de certaines œuvres, celles de Rabelais, Cervantès ou Shakespeare est, en effet, gérée bien différemment en 1827, et aux alentours de 1864.

Cette constatation rejoint, sans doute, le reproche fait à Hugo, selon lequel il aurait été quelque peu infidèle à son programme initial, au lendemain même d'*Hernani*[2]. Y aurait-il eu chez le poète, en ce domaine, aiguisement des concepts, évolution de la perspective esthétique vers une *Weltanschauung* de caractère plus philosophique et phénoménologique ? Statistiquement, en tous les cas, nous l'avons souligné dans l'introduction, et le contraire eût étonné, l'examen des romans et des recueils poétiques montre que le champ sémantique du *rire* s'avère de loin plus riche que celui rattaché au seul *grotesque.*

A ce propos, on peut noter que dans la *Préface* déjà, ce dernier concept est jugé avec quelque réserve : comme une "nouveauté", certes , mais aussi, comme un "élément" — et non un "but"— portant en lui la marque de l'inachevé[3]. "Il est temps que le grotesque se contente d'avoir un coin du tableau", souligne le poète, en se référant aux œuvres de Murillo et de Véronèse (*Pr.Cr.*14)[4].

---

2. Compte-rendu du Groupe Hugo, Paris VII, 16 nov. 1991. De même Bernard Leuilliot, "L'Humour dans L'Homme qui rit" in *L'Homme qui rit ou la parole monstre de Victor Hugo*, CDU-SEDES, Paris, 1985.

3. Notes sur *La Préface de Cromwell*, p. 41.

4. Sigles utilisés : *La Préface (Pr. Cr.) – Littérature et philosophie mêlées (Li.Ph.) – William Shakespeare (W.S.) – Proses philosophiques (Pr.Ph.) – Promontorium somnii (Pr.So.)*

D'un autre côté, à la différence des œuvres de fiction, les allusions au rire surgissent dans la *Préface,* non comme supports narratifs, mais en tant que porteuses d'idées et sous un jour qui en souligne le caractère hétérogène. La vie y est évoquée, avec ses "amères dérisions", la *Bible,* avec sa *Genèse* "riante", mais aussi, sa "menaçante Apocalypse" (*Pr.Cr.* 8/16). Au cours des âges, certains penseurs et écrivains devaient assumer dans cette prise de conscience, le rôle de témoins privilégiés :

> A force de méditer sur l'existence, d'en faire éclater la poignante ironie, de jeter à flots le sarcasme et la raillerie sur nos infirmités, ces hommes qui nous font tant rire, deviennent profondément tristes. Ces Démocrite sont aussi des Héraclite (*Pr.Cr.* 18).

Car, s'il faut se garder de ne voir dans l'histoire humaine qu'"horreur et rire" (*Li.Ph.* 68) — l'observation date du début des années vingt — il reste que la question de la concomitance de l'hilarité et des larmes chez un même individu, ne cesse de se poser, non en termes de superficialité burlesque, mais de profondeur axiologique (*Li.ph.* 70).

Abordée dans ses linéaments au début de l'œuvre, l'argumentation rejaillira par la suite, et avec une vigueur accrue, en rapport avec l'univers insolite de la *souffrance* humaine :

> Mixture effrayante. Rencontre de ces deux mots redoutables où toute la vie humaine est nouée : jouir et souffrir (...) Jouir, rire, chanter, plaire, aimer, cela existe, cela persiste ; mais il y a du râle dans chanter, il y a du grincement dans rire, il y a de la putréfaction dans jouir (*Pr.Ph.* 538).

"Le rire est immense". Comment comprendre cette "apocalypse" qui confine au "carnaval" (*Pr.Ph.* 548) ? C'est, entre autres éléments d'enquête, ce paradoxe récurrent, symbole tangible de l'oxymoron hugolien au niveau essentiel, que le poète semble vouloir élucider par le truchement d'une méditation sur les écrivains et l'œuvre d'art.

1. Les "vieux âges"

Alors que dans un premier temps, *La Préface de Cromwell* examine le grotesque à travers une diachronie des genres, la recherche dans *William Shakespeare* est menée au plan subjectif, plus riche en éventualités, parce qu'en rapport direct avec la pensée même des génies universels. La démarche s'inscrit dans la perspective d'un romantisme, pour lequel les valeurs humaines et éthiques semblent progressivement marquer le pas sur les questions formelles, les émotions assumant, en l'occurrence, un rôle comparable à celui dévolu traditionnellement à l'intellect :

> Le propre des génies du premier ordre, c'est de produire chacun, un exemplaire de l'homme. Tous font don à l'humanité de son portrait, les uns en riant, les autres en pleurant, les autres, pensifs. Ces derniers sont les plus grands. Plaute rit et donne à l'homme Amphytrion, Rabelais rit et donne à l'homme Gargantua, Cervantès rit et donne à l'homme Don Quichotte, Beaumarchais rit et donne à l'homme Figaro. Molière pleure et donne à l'homme Alceste, Shakespeare songe et donne à l'homme Hamlet, Eschyle pense et donne à l'homme Prométhée (*W.S.* 353).

Ce n'est, en effet, que dans les sources d'inspiration les plus originales que se dévoile le génie. Tout autant, sinon plus que les *larmes* et la *pensée,* le *rire* est un thème fondateur capable de fournir à l'homme un reflet authentique de son personnage. Qui plus est, c'est la collocation de ces trois tendances, à la fois cognitives et émotives, de ces facultés maîtresses, selon la terminologie de Taine, qui constitue le terrain le plus propice à une conception d'un nouvel exemplaire d'être. On ne saurait, en effet, imaginer, vérité d'évidence, dont Hugo fait la pierre de touche de sa démonstration, les larmes de Molière, la pensée d'Eschyle et de Shakespeare, détachées de toute fibre comique. N'est-ce pas précisément le rire qui donne à leur œuvre cette nuance fascinante, sans laquelle il n'est pas vraiment de richesse profonde ?

Richesse donc d'un concept essentiel, dont le poète tente de suivre la trace dans l'évolution culturelle, littéraire, philosophique de l'humanité, à partir des origines :

> Le matin murmurant une sainte parole
> Souriait, et l'aurore était un auréole (572) ...
> La nature riait, naïve et colossale (574).

Si au commencement des âges, le rire, écho de la perfection première[5] est *un,* cette *unité,* symbole de pureté, va très rapidement se fragmenter en une *polysémie* de nuances, souvent contradictoires. Une certaine lecture du texte biblique semble d'ailleurs aller dans ce sens, l'ironie et le scepticisme surgissant dans la Création avec l'intrusion du Serpent et la découverte de la Connaissance[6]. Faire donner à Thersite et à Vulcain une comédie séparée, destinée aux dieux et aux hommes (*Pr.Cr.* 10), parler à ce propos de " rire d'en haut" et de "rire d'en bas", c'est d'emblée, pour Hugo, mettre en relief la bipolarité d'un phénomène en gestation, et lui prêter une ambiguïté que l'avenir se chargera encore d'intensifier. Dès le début de l'histoire, avec Homère , aspirant à la fusion du réel dans l'idéal, le rire, associé à la *profondeur*, paraît se démarquer fondamentalement de la superficialité bouffonne (*W.S.* 264-265).

Cette disjonction au niveau du mythique trouve sa confirmation théologique dans la tragédie de Job. En position axiale entre le divin et le satanique, entre la logique de Dieu et son arbitraire, Job symbolise l'amertume du juste, dont la résignation devant la souffrance, ressentie comme un scandale, ne peut s'accompagner que d'un sourire "effrayant" de sagesse impuissante (*W.S.* 266). Attitude d'introversion, tout en ambivalence, parce que cachée dans les replis les plus ténus de l'âme humaine; et qui, ramification seconde, s'oppose aussi bien à la foi extatique, au "profond sourire de démence" de Jean, qu'au "cynisme" de Juvénal, dont le rire, dépassant la fonction passive d'antidote à la douleur, s'extrovertit jusqu'à l'épique, pour devenir agressif et vengeur (*W.S.* 271).

La véritable profondeur du phénomène, pourtant, ne se situe ni dans la démission douloureuse, ou l'exaltation mystique, ni dans la satire véhémente, mais dans un mouvement plus réfléchi, le refus de l'homme d'assumer une condition et une réalité oppres-

5. *La Légende des siècles,* "Le sacre de la femme", Poésie II, 1985, p. 571-576.

6. Joë Friedemann, *"La Genèse* : au commencement était le rire", *Humoresques,* n° 1, 1990, p. 15-28.

santes, imposées du dehors. Deux auteurs antiques, Eschyle et
Aristophane, retiennent plus particulièrement l'attention du poète,
parce qu'ils annoncent, entre autres, la période philosophique pré-
moderne et moderne où le rire semble prendre son essor le plus
marquant.

Si Eschyle se place immédiatement après Job, dans la chronologie de *William Shakespeare,* c'est parce que la "révolte" prométhéenne, "magnifique et formidable", antipode idéologique et
païenne à la docilité biblique, en constitue la riposte toute naturelle. L'*exclusion* prend progressivement la place de l'*accueil,* la
revendication du droit point derrière la sujétion au devoir (*W.S.*
266). Prométhée se laisse, sans une plainte, enchaîner et clouer au
sommet du rocher, non par soumission à la volonté de Zeus, mais
par refus de s'humilier devant la tyrannie. Magnifique et cyclo-
péen, Eschyle sourit "sinistrement aux Gorgones" (*W.S.* 267), sourire de Polyphème à l'expression étrange et redoutable, qui
"semble couvrir une obscure colère". Prométhée "raille le vautour
qui le mange" (*W.S.* 359). Il ne s'agit pas ici de grotesque, mais
d'un signifié rieur engagé dans le métaphysique, et dont une certaine critique dogmatique et pénétrée de conformisme, "barbes
grises contre cheveux noirs", s'avèrera d'ailleurs incapable d'appréhender le sens caché. Il n'y a rien de nouveau, semble-t-il, sous
le soleil d' *Hernani* ! (*W.S.* 305-308) ... Annonçant Shakespeare,
à la fois par son immensité et son ambivalence, Eschyle a un rire
aux accents carnavalesques, mais d'où jaillit également "un désespoir profond".

Fort différente sera l'orientation idéologique prise par la pensée d'Aristophane. Issu comme Eschyle du masque antique, l'auteur des *Guêpes* prend rang parmi les fondateurs de la civilisation
d'Occident, mais dans la filière comique et sensuelle. Aristophane
annoncerait-il ainsi la "décadence de la cité antique", comme le
prétend Hegel, ou bien "plutôt l'avènement de l'homme quelconque et l'abandon des dieux" ?[7]... Sa muse, souligne Hugo, "la
grande muse pontificale et lascive du rut universel" (*W.S.* 319-

---

7. Jean Duvignaud, *op. cit.,* p. 74-77.

320) s'extériorise d'une part, dans un sourire de sphinx où s'allient l'impudique et le sacré, et d'autre part, dans le grand rire jupitérien[8] se moquant des "sages", et qui, parallèlement à la ligne shakespearienne ébauchée par Eschyle, fraie la voie à l'énorme hilarité de Rabelais[9]. La comédie d'Aristophane, comme le dit Henri Baudin, "assure une catharsis en profondeur"[10].

2. Le pré-modernisme : Rabelais et Cervantès

C'est donc moins un essai d'éclaircissement ponctuel, qu'une recherche de définition plus large du phénomène rieur, dans ses rapports avec l'expression esthétique et philosophique qui constitue la motivation première de la quête du poète ... *Résignation, réverbération divine, vengeance, révolte,* ouverture à la *vie naturelle,* autant de signifiés variés, décelés par Hugo dans l'histoire des origines.

Le rire est avant tout un phénomène humain. C'est sur un même clavier idéologique que se déploient les valeurs permettant d'en mesurer l'évolution. C'est pourquoi, entre le "sel attique" et la "bouffonnerie gauloise", entre l'antiquité gréco-romaine et le seizième siècle occidental, le hiatus s'avère moins manifeste qu'on aurait pu l'imaginer au premier abord. Le fossé, isolant l'agressivité d'Aristophane de la bonté de Rabelais, n'est guère plus profond, aux yeux d'Hugo, que la coupure qui sépare la "face ricanante" de ce dernier, de la "sévérité" de Dante. Aucun écart essentiel, sinon au niveau de l'extériorisation, dans le passage d'une physionomie figée à l'expression vivante.

A) Rabelais, c'est "le masque formidable de la comédie antique, détaché du proscenium grec". Dépouillé de sa gangue

---

8. *Océan,* "Tas de pierre" dans Poésie III, Paris, Seuil, p. 776.

9. *Les Contemplations*, "Les Mages", Poésie II, Laffont, p. 520

10. Henri Baudin, "Aristophane ou la comédie politique", *Humoresques*, n° 5, 1994, p. 11-20.

artificielle, le bronze devient chair et prend forme. Moins éthéré, car plus éloigné de la Divinité que par le passé, le rire s'humanise, il s'ouvre à la *parodie*. Venant "rire de nous, chez nous, avec nous", Rabelais, à l'instar de ses prédécesseurs, ajoute son spécimen d'être à la panoplie générale. Non pas l'homme du cœur ou du cerveau, mais, contribution freudienne avant la lettre, et réminiscence baudelairienne, par le truchement du tragique, l'homme du "ventre", donc du "serpent dans l'homme". Foyer de l'instinct et du sensuel, éloigné du cognitif et de l'affectif, en lui se combinent tous les contrastes, à la fois, la corruption, l'égoïsme, la satiété et, pour tout dire, le "phallus" ; mais aussi l'héroïsme et le sublime. A travers le "ventre dieu" et le "ventre animal", symbolisant la distance entre l'âme et le corps, on retrouve le "rire d'en haut" et le "rire d'en bas", distingués naguère à propos d'Homère, et à l'origine également de cette dualité essentielle qui, au cours des âges, évoluera dans le sens d'une dégénérescence morale, jusqu'à devenir phénomène de civilisation. C'est ce dernier fait, surtout, qui allait frapper Rabelais. Il prend "acte de ce ventre qui est le monde" et qui affecte toutes les institutions temporelles et spirituelles de l'Occident chrétien :

> La civilisation n'est plus qu'une masse, la science est matière, la religion a pris des flancs, la féodalité digère, la royauté est obèse (...) Rabelais, médecin et curé, tâte le pouls à la papauté. Il hoche la tête et il éclate de rire. Est-ce parce qu'il a trouvé la vie ? non, c'est parce qu'il a senti la mort. Cela expire, en effet. Pendant que Luther réforme, Rabelais bafoue. Lequel va mieux au but ? Rabelais bafoue le moine, bafoue l'évêque, bafoue le pape ; rire fait d'un râle. Ce grelot sonne le tocsin. Eh bien, quoi ! J'ai cru que c'était une ripaille, c'est une agonie ; on peut se tromper de hoquet. Rions tout de même. La mort est à table. La dernière goutte trinque avec le dernier soupir. Une agonie en goguette, c'est superbe. L'intestin colon est roi. Tout ce vieux monde festoie et crève (*W.S.* 279-280).

Le monde entier comme macrocosme est sujet à contamination. Il s'agit d'en démystifier les représentations microcosmiques, la religion et la papauté, en leur ôtant l'aura factice derrière laquelle elles se sont retranchées. Une seule technique, le rire déprédateur. Non pas un rire d'accueil, de spontanéité, mais un rire qui *exclut,* qui annonce l'anéantissement d'une institution dont rien ne justifie l'existence, et dont les représentants les plus modestes comme les plus en vue, faisant partie d'un univers en déliquescence, sont amenés à disparaître. Les buts recherchés par Luther et Rabelais sont identiques, les moyens utilisés diffèrent. Loin d'être joyeux, le rire de Rabelais est le contrepoint d'un développement aboutissant à l'abîme. Il traduit une immense détresse, saluant le crépuscule d'une conception frelatée de la spiritualité. En constatant la souveraineté de "l'intestin-colon", Rabelais met le point final à un processus de dégénérescence. "Il y a du gouffre dans le goinfre". Rabelais atteint ainsi à la grandeur eschylienne, mais aussi à un gigantisme rieur ouvert à l'angoisse de vivre.

Pour Rabelais, philosophe de l'existence, l'homme est en situation, non pas dans un "cachot", mais dans une "cave", à proximité d'une "futaille" ; par là même et paradoxalement, dans un enfer n'ayant rien à envier à celui de Dante. Ce "rieur redoutable" nous entraîne dans un environnement qui lui est familier. Prométhée de la modernité, Rabelais rompt en visière contre l'institution ecclésiastique, à l'aide d'un rire qui décape tout sur son passage. Non pas une résignation ou une révolte, face à l'arbitraire divin, mais une mise en relief de tout ce qui s'avère entaché de falsification et d'inauthenticité : monde des croyances mythiques de l'homme, univers religieux dénaturé, mais aussi tendance à un épicurisme sans profondeur, à une philosophie de pacotille aboutissant à l'absurde. Le rire de Rabelais *désacralise, démythifie* les valeurs pastiches, fondées sur une conscience pervertie de leur propre sérieux :

> La papauté meurt d'indigestion. Rabelais lui fait une farce. Farce de titan. La joie pantagruélique n'est pas moins grandiose que la gaieté jupitérienne. Machoire contre machoire ; la machoire monarchique et sacerdotale mange ; la machoire rabelaisienne rit. Quiconque a lu Rabelais a devant les yeux à jamais cette confrontation sévère : le masque de la Théocratie, regardé fixement par le masque de la Comédie (*W.S.* 278-280).

Nulle surprise, par conséquent, que Rabelais ait trouvé sa place parmi les *mages*, que Victor Hugo ait fait de son "rire énorme", l'un des "gouffres de l'esprit"[11]. Nulle surprise, non plus, que Bakhtine, qui rattache l'œuvre rabelaisienne aux racines profondes de l'optimisme populaire, ait considéré le point de vue de Hugo — transformant le rire de l'auteur de Gargantua en principe dénigrant, à la limite, principe de mort — comme erroné sur bien des points[12]. Peu de commentateurs de l'œuvre rabelaisienne, en effet, allaient s'engager sur les traces de cette critique non exempte de paradoxes.

B) A l'instar de Rabelais mais sur un registre différent, de loin plus retenu, Cervantès, cet autre "prêtre du rire"[13], se situe à la charnière des temps modernes. Désigné dans *La Préface de Cromwell* comme un "Homère bouffon", l'accent étant mis sur la nuance épique d'une certaine forme de grotesque, l'auteur de *Don Quichotte* est examiné par Hugo dans l'essai sur Shakespeare, non pas dans ses rapports avec un comique issu du difforme, mais avec un rire à vocation d'antidote à l'inacceptable :

> Résumer l'horreur par le rire, note-t-il, ce n'est pas la manière la moins terrible.

Or, cette fois, il ne s'agit pas d'un "large rictus" ou d'une jovialité d'extroverti, mais d'une gaieté légère, discrète, orientée, nous semble-t-il, vers ce que Jankelevitch appellera plus tard, "une ironie à la deuxième puissance (...) une suprême réflexion de conscience"[14]. Rire fin, acéré, poli, galant presque, avec un soupçon de cynisme, mâtiné de douceur poétique, où perce une compréhension intuitive et subtile des faits les plus intimes de l'esprit et du cœur. Le rire fusionne presque avec le savoir. Il ne s'agit plus de renverser et de détruire, mais de pénétrer et d'interpréter. La fibre comique et romanesque se fondant chez Cervantès en une vision du "dedans de l'homme", un nouvel élément, entrevu déjà

---

11. "Les Mages", *op. cit.,* p. 520.

12. Mikhaïl Bakhtine, *op. cit.,* p. 130-133.

13. "Les Mages", *op. cit.,* p. 519.

14. Wladimir Jankelevitch, *op. cit.,* p. 185.

chez Rabelais, va se greffer sur son œuvre : le *bon sens,* mélange de sagesse biblique et homérique, de raison voltairienne et d'égocentrisme classique. Panurge annonce Sancho Pança. Chercher dans l'homme ce qu'il est, et ce qu'il veut paraître, saisir à la fois ce que les mots veulent et peuvent dire, telle est l'une des quêtes de Cervantès. Railleries, cynisme élégant, sans doute, mais aussi "dérision profonde". Peut-il en être autrement, quand on entreprend de faire chevaucher le bon sens sur l'ignorance, et l'héroïsme sur le prosaïsme ? Cervantès parodie les deux visages de l'homme, le *sublime* et le *grotesque.* Don Quichotte et Rossinante ne sont pas moins ridicules que Sancho Pança et sa monture

> Derrière le personnage équestre, Cervantès crée et met en marche le personnage asinal. Enthousiasme entre en campagne, Ironie emboite le pas (...) L'invention de Cervantès est magistrale à ce point qu'il y a, entre l'homme type et le quadrupède complément, adhérence statuaire.

Jean-Paul parlerait sans doute ici, de "l'idée anéantissante ou infinie de l'humour", marquant de sa griffe relativisante, la vie, sa finitude et ses limites. Et pourtant, souligne Hugo, l'idéal existe chez Cervantès, tout autant que chez Dante. Mais, c'est parce que cet idéal est hors d'atteinte qu'il n'y a plus de place, dans la pensée de l'auteur, que pour la parodie. Béatrice étant inaccessible, la seule ressource, laissée à l'écrivain, c'est de créer Dulcinée, d'ironiser et de masquer sa déception derrière une pirouette de façade. La réaction est sans fiel, indubitablement. Mais aucune chance n'étant laissée à la réalité, une larme perle au travers du sourire. Alors que chez Rabelais, il ne s'agissait pas de perfection rêvée, mais d'une intrusion dans le réel, malheureusement trop à portée de main (*W.S.* 280-282).

3. Shakespeare et l'ouverture à la modernité

Rabelais et Cervantès occupent, certes, une place prépondérante parmi les "hommes-océans" fondateurs. Néanmoins, — et Hugo exprime ici, une fois de plus ses réserves à l'égard de la fibre ironique — leurs œuvres, d'inspiration "uniquement"

railleuse, ne devaient donner de leur époque qu'une vue partielle
(*W.S.* 283). Et ce, à la différence de Shakespeare, dont le génie
englobant la totalité de l'être, revêt aux yeux du poète, une valeur
d'idéal, parce que créateur du drame absolu, fondé sur le mélange
des genres. (*Pr.Cr.* 14). Si Rabelais se voit reprocher par plusieurs
critiques "l'ambiguïté venimeuse" ou "l'obscénité", et Cervantès,
"le rire perfide", l'auteur d'Hamlet sortira pour sa part, indemne
du grief de "subtilité" que certains commentateurs auront eu beau
jeu de lui imputer. *William Shakespeare,* on le sait, avait été conçu
par Victor Hugo comme une apologie, destinée à introduire en
Angleterre la nouvelle traduction de son fils, François-Victor; il
n'en était pas devenu pour autant ouvrage de circonstance.

Innovateur comme à l'accoutumée, et par contraste avec la pensée dogmatique, Hugo entreprend de faire du rire une des pierres
angulaires de la réflexion shakespearienne. Expliquant son œuvre
comique comme un "produit de l'instinct", la critique traditionnelle avait reproché au dramaturge son style brillant et ses jeux de
langage. Elle l'avait accusé de "comique bas", de "bouffonnerie
sans esprit", faisant de lui un auteur à la fois de vaudevilles, et de
plaisanteries macabres (*W.S.* 339-340). En fait, cette critique s'était
montrée inapte à saisir l'essence du phénomène rieur dans l'économie générale de l'œuvre. Hugo va prendre le contrepied d'un
mode de pensée condamnable, parce qu' étroit à ses yeux. Orientant sa réflexion sur le *grotesque* et le *sublime*, dans le sens de
l'universel dramatique, il y adjoint des concepts qui viendront en
enrichir la trame : la féerie, l'hymne, l'émotion, le terrible, mais
aussi et surtout, le théâtre de foire, la farce et "le vaste rire divin"
qui situe d'emblée la réflexion comique dans une perspective philosophique :

> "Les génies modernes seuls, dira-t-il, ont cette profondeur
> dans le sourire qui, en même temps qu'une élégance, fait voir un
> abîme" (*W.S.* 342-343).

Shakespeare, c'est à la fois l'imagination et la profondeur, la
pensée et le caprice qui s'enchevêtrent pour donner, au travers de
la bipolarité fondamentale d'une existence où rien n'est pur, univoque, unilatéral, une représentation fidèle d'un certain "vrai" de
la destinée. De la "logique" jaillit la "fantaisie", fusion permettant

à toutes les antithèses de s'amalgamer ou de se heurter. Hugo évoque ici, non le grotesque, mais "l'arabesque"[15] d'où surgissent, dans le domaine de l'art, l'image d'une végétation luxuriante, et dans celui de la pensée, le rêve et la profusion ; où se mêlent, à côté du charme, l'ambiguïté rieuse, alliage de "haute gaieté", de portée philosophique, et de sarcasme, à vocation éthique, destiné à corriger les faiblesses humaines.

Avec Falstaff, une nouvelle dimension du rire fait son apparition, celle de la "bassesse", qui s'oppose à la naïveté déguisée en sagesse, au bon sens terre-à-terre de Panurge et de Sancho Pança. Fusion de tous les contrastes, de la gloutonnerie à la poltronnerie, en passant par la cruauté, le bouffon shakespearien, en même temps "face humaine et panse animale", va bien au delà du joyeux drille rabelaisien et de l'écuyer crédule et astucieux de Cervantès, dans la représentation contrastée de l'échiquier grotesque et rieur.

"La comédie éclate dans les larmes, le sanglot naît du rire". Outre la difformité hilare du valet, l'équivoque shakespearienne (*W.S.* 343-345) — *totus in antithesi* — donne naissance au sarcasme raffiné du prince. "Ironique" et "formidable" (*W.S.* 362), s'adonnant à des jeux macabres, faisant le fou, Hamlet "bouffonne, la hâche d'Oreste à la main" (...) il "termine le redoutable drame de la vie et de la mort, par un gigantesque point d'interrogation" (*W.S.* 359). Prométhée est un géant, son rire s'en prend au surnaturel. Le rire d'Hamlet reste celui d'un homme, dérision des valeurs de l'existence, plutôt que rébellion contre la divinité. Hamlet c'est le doute, l'atermoiement, le changement, le trouble, le vertige. C'est pourquoi, il est à la fois inquiétant et poignant, point d'orgue à une royauté symbolisée par un "fantôme" et à une "gaieté représentée par une tête de mort" (*W.S.* 360).

---

15. F. Schlegel au début du siècle avait déjà souligné le rapport entre *grotesque* et *arabesque*. L'arabesque de la Renaissance représentait pour lui "la forme la plus ancienne, la plus originelle, de l'imagination humaine". Il y découvrait "une confusion savamment organisée, une symétrie fascinante des contrastes". Cf. Dominique Iehl, *op. cit.*, p. 54.

4. Le rire post-shakespearien : Molière, Voltaire

En fait, dans la pensée hugolienne, tout se passe comme si les génies de l'antiquité et de la Renaissance avaient frayé la voie à un rire dont la trame comique, ironique, grotesque ou contestataire, peaufinée au cours des siècles suivants, allait être parachevée, à l'époque romantique, par l'écrivain lui-même.

A) Pourtant, et la chose semble paradoxale, eu égard à l'importance de l'œuvre, l'essai sur Shakespeare n'évoque un auteur comme Molière que de manière fugitive. Le fait est d'autant plus remarquable que, dans les textes annexes, les deux dramaturges seront mis plusieurs fois en parallèle. "Pour comprendre ce qui manque à Molière, il faut lire Shakespeare", souligne le poète (*Pr.Ph.* 707) qui met l'accent sur les divergences esthétiques et idéologiques, plutôt que sur les points d'accord. Chez Molière, la simplicité côtoie le génie, la grandeur s'associe au bon sens. De là, des accès de "grande ivresse sombre" qui poussent son théâtre dans ses derniers retranchements : la sagesse, devenue folie, aboutit au tréteau avec ses épiphénomènes fantasques, bouffons, parodiques et caricaturés (*Pr.So.* 649). L'ivresse chez Molière, c'est l'excessif avec des intermèdes où le grotesque règne en maître, mais où l'œuvre folle finit par se reconvertir en leçon de prudence et même d'éthique. Sa grandeur réside dans cette profusion qu'il n'aurait certes jamais pu atteindre, s'il s'était contenté de dépeindre l'homme dans sa simplicité :

> Toute une philosophie sort de la bouffonnerie. C'est le défaut marqué de l'excès. Il semble que la farce délie Molière. Ses cris les plus hardis, c'est là qu'il les jette (*Pr.So.* 650).

"Philosophie" et génie, sans doute, mais aussi "défaut", car si le cri "terrible" de Shakespeare jaillit du "milieu des catastrophes", donc de la vie même, celui de Molière, "profond et douloureux", qui se fait jour à travers les rires[16], émerge d'une situation créée de toutes pièces. Les larmes qui "foudroient", le rire qui "saigne"

---

16. *Actes et paroles* I, vol. Politique, p. 114.

prêtent aux personnages shakespeariens une épaisseur que n'auront pas ceux du dramaturge français (*Pr.Ph.* 706). Réduite en quelque sorte par le sourire railleur de son démiurge, la statue du Commandeur est loin de s'élever à la hauteur du fantôme d'Elseneur. Ainsi, l'auteur de *Don Juan* a conçu un "mannequin", et celui d'*Hamlet,* un spectre de "chair et d'os". C'est pourquoi, si le rire de Molière a pour origine le scepticisme ironique d'un comédien dont le premier objet est d'abord d'amuser — au risque d'ailleurs de détruire — celui de Shakespeare, corollaire d'un malaise ou d'une souffrance, se révèle mise en question philosophique. C'est à cette dissemblance que Hugo fait sans doute aussi allusion, quand il parle de ce qui "manque" à l'auteur du *Misanthrope,* le dramaturge anglais demeurant toujours la référence essentielle.

B) Référence idéologique fondamentale, sans doute, mais non unique ... En effet, parmi les influences subies par l'écrivain romantique en matière de rire, celle de Voltaire s'avère elle aussi marquante, bien que mal acceptée, semble-t-il, en un premier temps. Malgré une incontestable admiration pour l'homme et l'œuvre, le jeune Hugo exprimera ses réserves à l'endroit d'une ironie, proverbiale certes, mais aux motivations et aux conséquences jugées discutables, parce que s'ouvrant au "sarcasme" polémique meurtrier :

> c'est fin, brillant, luisant, poli, c'est monté en or, c'est garni en diamant, mais cela tue (*Li.Ph.* 68).

"Prodigieusement spirituel", mordant, cynique, Voltaire se voit accusé d'imprégner ses écrits d'un "venin", dénué de toute fibre altruiste (*Li.Ph.* 145). Jusqu'à l'époque de *William Shakespeare,* par conséquent, l'enthousiasme du poète à l'égard de l'auteur de *Candide*, ne laisse pas d'être mitigé. Génie critique plutôt que comique, Voltaire est sans doute représentatif d'un certain "esprit français", mais de par son cachet trop localement gaulois, ouvert à la "parodie", au "rire fade" et parfois "mesquin"[17], sa verve pré-

---

17. *Océan*, Laffont, 1989, p. 156.

révolutionnaire manque de cette envolée humaine et fraternelle qui aurait pu la transformer en esprit par excellence (*W.S.* 425).

Pourtant, dans des textes plus tardifs, ces restrictions vont disparaître, pour laisser la place à une admiration sans fard. Acquérant une ampleur, une signification nouvelle et positive, le rire voltairien devient expression d'une indépendance en marche, d'une liberté à laquelle l'écrivain a recours pour rompre en visière avec un environnement hostile et écrasant : monde du despotisme, de l'infaillibilité, de la violence, vaincus respectivement par le "sarcasme", "l'ironie" et le "sourire"[18]. Ce sourire, Hugo le met en relief tout particulièrement ; il en fera un symbole de "sagesse", empreinte à la fois de compassion envers les faibles et les opprimés, et de raillerie porteuse de menace à l'égard des puissants et des oppresseurs. On voit se profiler, ainsi, un Voltaire presque inconnu. Il n'est plus question de l'auteur "à la mine chafouine" des *Choses vues*[19], mais du "grand esprit" et de "l'immense cœur", plein de "tristesse philosophique", ayant réussi à transmettre à l'humanité un message de liberté et de tolérance. L'opinion est certes idéalisée, et la critique traditionnelle ne la partagera pas toujours. Hugo, pourtant, la parachève encore d'un parallèle entre Voltaire, "le raisonneur philosophique" et Jésus, "le révélateur religieux" (*W.S.* 333), dont les œuvres se complètent :

> Disons-le avec un sentiment de respect profond, Jésus a pleuré, Voltaire a souri, c'est de cette larme divine et de ce sourire humain qu'est faite la douceur de la civilisation actuelle[20].

---

18. *Actes et paroles* IV, "Le Centenaire de Voltaire", vol. Politique, p. 987.

19. *Choses vues*, vol. Histoire, 1987, p. 768. Citons encore ces vers des *Rayons et les ombres*, Poésie I, p. 940-941 :

Voltaire alors régnait, ce singe de génie
Chez l'homme en mission par le diable envoyé (...)

Voltaire, le serpent, le doute, l'ironie
Voltaire est dans un coin de ta chambre bénie !
Avec son œil de flamme, il t'espionne et rit.

20. *Actes et paroles,* p. 987-988. Pour une étude approfondie des rapports entre le poète et Voltaire, Raymond Trousson, *Le Tison et le flambeau, Victor Hugo devant Voltaire et Rousseau*, Ed. de l'Université de Bruxelles, 1985.

Aux nuances rieuses des génies précédents, Hugo ajoute, par conséquent, le signifié révolutionnaire. Illustration de la lutte philosophique et politique contre l'injustice et l'arbitraire, cette hilarité ouvre la voie à la "satire qui détrône" des fils de 1789 (*W.S.* 437). Sur la lancée voltairienne, le regard sardonique de Mirabeau, scrutateur des hommes et des idées, "son sarcasme aux dents acérés" annoncent l'éclat de rire "formidable", auto-ironique et destructeur de Bastille, où la Révolution "laisse échapper son cri" (*Li.Ph.* 229/222).

5. Vers une poétique hugolienne du rire ?

Avec le temps, par conséquent, le rire se mue en un faisceau d'éléments de plus en plus contrastés. Rattachée à la souffrance et à la contestation, la nuance comique et esthétique perd progressivement de sa pureté pour laisser la place à l'éthique et au philosophique. A la différence, pourtant, de certains auteurs se targuant de pénétrer de manière définitive les arcanes du phénomène, Hugo fait preuve, en la circonstance, de modestie[21]. Dès *Han d'Islande* et jusqu'à ses derniers écrits, il va procéder par touches successives, comme pour faire participer ses lecteurs à l'élucidation d'un concept qu'il ne saurait être seul à définir.

A) L'idée fondamentale semble être la mise en question de toute pensée première : démarche intellectuelle par excellence, qui place le rire en parallèle avec la philosophie. "Se moquer de la philosophie, c'est vraiment philosopher", avait déjà dit Pascal, à la suite de Montaigne. Le recul du rieur serait celui du penseur, et partant, philosopher serait en quelque sorte apprendre à rire[22]. En

---

21. Tel, par exemple, A. Michiels qui, dans *Le Monde du comique et du rire* (1886) déclare que l'humanité lui devait une reconnaissance éternelle pour l'explication définitive du phénomène rieur dont il venait de la gratifier ! Voir Daniel Grojnowski, "Comique littéraire et théories du rire", *Romantisme*, n° 74, 1991, p. 3-13.

22. Eric Blondel, *op. cit.*, p. 18.

un sens, l'Ecclésiaste, Socrate et Pyrrhon ne diront rien d'autre. Relativité de tout savoir prétendu exact : telle est la conclusion à laquelle devait également aboutir Chrysippe de Tarse, célèbre dialecticien, physicien, logicien grec, le jour où "il allait mourir, à la lettre, de rire, en voyant un âne manger des figues dans un bassin d'argent" (*W.S.* 299). A noter que l'épisode est évoqué également par Voltaire, Baudelaire et Lautréamont, mais chaque fois avec une interprétation différente. Ce seul fait suffirait à prouver, s'il était nécessaire, le caractère relatif et même équivoque que revêt toute tentative d'explication du phénomène rieur[23].

Relativité de la connaissance philosophique et scientifique, mais aussi, malgré leur approche de l'absolu, relativité de l'art et de la religion qui ne sauraient, de ce fait, demeurer, ni concrètement, ni idéologiquement, en dehors de la sphère rieuse. Prenant, en un sens, comme dans *Les Misérables,* le contrepied de la théorie chrétienne rigoriste, dont Baudelaire s'était fait le porte-parole, Hugo se référera à François de Sales. Son allusion à une Eglise qui "rit volontiers" (*W.S.* 321), témoigne d'une attitude souriante, sinon ironique du Christianisme à l'égard des excès de zèle théo-

---

23. *Voltaire* : « Etait-ce par fierté que le maître de l'âne d'or se mit tant à rire quand il vit son âne manger son souper ? Quiconque rit éprouve une joie gaie dans ce moment-là, sans avoir un autre sentiment » (...) *Questions sur l'Encyclopédie,* article *rire.*

Baudelaire : « Permis aux contradicteurs jurés de citer la classique historiette du philosophe qui mourut de rire en voyant un âne qui mangeait des figues (...) Je répondrai (...) ce comique n'est pas tout à fait le nôtre » (...) *op. cit.,* p. 374.

Lautréamont : « Oh! ce philosophe insensé qui éclata de rire, en voyant un âne manger une figue ! Je n'invente rien : les livres antiques ont raconté avec les plus amples détails, ce volontaire et honteux dépouillement de la noblesse humaine. Moi, je ne sais pas rire (...) Eh bien, j'ai été témoin de quelque chose de plus fort : j'ai vu une figue manger un âne ! Et, cependant, je n'ai pas ri ; franchement, aucune partie buccale n'a remué. Le besoin de pleurer s'empara de moi si fortement, que mes yeux laissèrent tomber une larme » (...). Cf. *Les Chants de Maldoror,* chant quatrième, éd. Jean-Luc Steinmetz, Paris, Libr. Gén. Franç. 2001, p. 232-233. Le présentateur cite, en note, une autre référence à ce même épisode, *Pantagruel* de Rabelais : « ne plus ne moins que Crassus voyant un âne couillart qui mangeait les figues qu'on avait apresté, pour le disner, mourut de force de rire ».

logique auxquels certains fidèles, et parmi eux, "les nouveaux venus de la sainteté", ont parfois tendance à se laisser aller.

Or si, entre l'art — lui-même sanctuaire — et la religion, l'écart est minime; si un certain recul humoristique en milieu dogmatique ne paraît pas inconcevable, comment, cependant, interpréter l'hilarité qui jaillit du sein même des chefs-d'œuvre, tout empreints de naturelle gravité ? La dialectique hegelienne concernant la "fin de l'art" et sa dissolution dans l'humour, reprise un siècle plus tard par André Breton, ne semble pas être étrangère à cette question[24]. Hugo fait allusion à un grotesque voilé, de teneur et de perspective différentes de celui dont fait état *La Préface de Cromwell*. Ce qu'il s'efforce d'élucider — y parviendra-t-il ? — c'est moins l'aventure socio-culturelle et esthétique du phénomène que son mécanisme philosophique ; et plus spécifiquement, les raisons profondes de la convergence, dans un chef-d'œuvre, d'une bouffonnerie et d'un épisode tragique. Rencontre dont il faut chercher l'explication, au-delà de l'idée, proposée traditionnellement, d'une simultanéité tragico-comique, calquée sur la réalité. Le sérieux tenant de l'absolu, son interférence avec la présence ironique pose certainement problème :

> Toutes les merveilles de la pensée sont là, l'ironie veut les compliquer et les compléter. Enigme. Voici que l'art, le grand art est pris d'un accès de gaieté. Son problème, la matière l'amuse. Il la formait, il la déforme. Il la combinait pour la beauté, il s'égaie à en extraire la laideur (*W.S.* 321).

Question de forme et de contenu, d'esprit et de substance ... La matière, de nature inférieure, devient sujet de moquerie pour une idée d'essence supérieure. Capable de façonner le brut, d'en perfectionner les contours, l'art peut en perpétuer le caractère inesthétique, à la limite, le rendre bouffon et grotesque. Au lieu d'aboutir à l'harmonie, il le transforme en objet de disgrâce, déviant ainsi, semble-t-il , de ses responsabilités d'idéal et de bon goût.

---

24. Voir Gilles A. Tiberghien, "Humour et dissolution de l'art", *Romantisme*, n° 74, 1991, p. 15-22. De même Jean Duvignaud, *op. cit.*, p. 59-60.

Cet écart, pourtant, n'est qu'apparence, appauvrissement de façade : "Derrière la grimace, le philosophe apparaît"... La contorsion du visage passe de l'état de superficialité et de comique grossier à celui de pensée profonde : une pensée "déridée" et plus "terrestre", mais tout aussi authentique que sa rivale, la philosophie, au regard mélancolique. Pierre Klossowski posera beaucoup plus tard une question similaire : pourquoi ne pas admettre l'hilarité comme porteuse d'un "savoir" et d'une "vertu d'appréhension de l'existence aussi évidente que le sérieux"[25] ?

B) On le sait, le rire dans la perspective baudelairienne, jaillit de la perception d'une contradiction entre la "grandeur infinie" de l'homme par rapport au reste de la création, et sa "misère infinie" au regard de ce qui le dépasse. Par contre, se référant à l'ignoré, plutôt qu'à l'infini, le problème pour Hugo est transposé du métaphysique au cognitif :

> L'inconnu qui est dans l'homme et l'inconnu qui est dans choses se confrontent ; il se trouve qu'en se rencontrant, ces deux augures, la Nature et le Destin ne gardent pas leur sérieux,

note-t-il, bien avant George Bataille, pour qui le *risible* se confond, à la limite, avec l'*inconnaissable*[26]. Participant de deux essences opposées, tout aussi impénétrables l'une que l'autre à la compréhension humaine, la poésie, sous le poids de l'anxiété, ne pourra, de ce fait, porter sur elle-même qu'un regard auto-ironique :

> Une joie qui n'est pas la sérénité jaillit de l'incompréhensible. On ne sait quelle raillerie haute et sinistre se met à faire des éclairs dans l'ombre humaine. Les obscurités amoncelées autour de nous jouent avec notre âme. Epanouissement redoutable de l'inconnu. Le mot pour rire sort de l'abîme (*W.S.* 321).

La conception hugolienne est à la fois proche et lointaine de celle de Baudelaire. Proche, en ce sens que toutes les deux se font

25. Cité par Jean Decottignies, *Ecritures ironiques*, PU de Lille, 1988, p. 173.

26. Georges Bataille, "Non-savoir, rires et larmes", *Œuvres complètes*, t. 7, Gallimard, 1976, p. 214-233.

du rire une idée bien peu rassurante, et en relation avec le gouffre. Mais lointaine aussi, car Hugo ne paraît pas adhérer, malgré certaines apparences, au point de vue éthique, métaphysique, quasi manichéen de Baudelaire. Satan est remplacé par le non-savoir, la certitude du mal par l'incertitude philosophique.

A la question charnière concernant une possible cohabitation entre comédie et tragédie, entre rire et deuil, dans un même épisode dramatique, l'oracle Loxias avait répondu jadis, en soulignant, d'une formule lapidaire, le caractère amphibologique d'un phénomène qui, pour Hugo, représente "la loi entière de l'art", et qu'il commentera à sa manière : "la poésie a deux oreilles" avait dit Loxias ; l'une ouverte à l'homme, la nature, la lumière, le bruit, la vie ; et l'autre, tournée vers les choses, le destin, l'ombre, le silence et la mort. De la confrontation de ces deux mondes, de ces deux inconnues, jaillit "cet inquiétant rire de l'art", où s'épanche l'originalité mystérieuse et primitive des génies civilisateurs (*W.S.* 321-322). Leur comédie, leur bouffonnerie et leur rire participent de l'inconnu ..."On y sent l'horreur sacrée de l'art et la terreur toute puissante de l'imaginaire mêlé au réel". L'enveloppe est comique, la façade est hilare, mais l'essentiel est à rechercher du côté d'un hiératisme artistique, dominé par l'inquiétant et le tragique (*W.S.* 385). Image de Janus bifrons qui dispense sa richesse à tous les domaines, à la littérature comme à la philosophie, non pas dans son univocité, Jean qui pleure *ou* Jean qui rit, mais dans sa nature géminée, Jean qui pleure *et* Jean qui rit, Héraclite masqué d'un Démocrite (*W.S.* 408), fusion de Rabelais et de Dante[27], et où se retrouve une hilarité, dénuée souvent de toute fibre comique. C'est parce que le rire est à "deux tranchants" (*Pr.Ph.* 573) qu'il s'insère si parfaitement à un art, lui-même bicéphale, et ce, sous couvert de l'ironie, expression d'une méditation mélancolique, voire d'une indignation cachant une immense pitié à l'égard de la souffrance, et d'une inquiétude profonde devant un destin insondable[28].

---

27. *Les Quatre vents de l'esprit*, "Les Cariatides", Poésie III, p. 1389.

28. "Mes Fils", vol. Politique, p. 50-51.

C) Cette esquisse d'un rire, lié à un savoir idéal en même temps qu'impénétrable, Hugo la complètera encore d'un essai d'interprétation rattachant le phénomène au domaine mystérieux du *sommeil* et des *songes,* et auquel *La Préface de Cromwell* n'avait pas fait allusion. L'intuition est étonnante : Freud, quelques décennies plus tard, montrera que les mêmes mécanismes psychologiques, dépendant de l'inconscient, sont à l'œuvre dans le mot d'esprit aussi bien que dans le rêve[29]. Pour Victor Hugo, le grotesque et ses épiphénomènes sont en rapport direct avec le monde de l'invisible, à la source même de toute "poésie singulière et spéciale". Le fantastique et le fantasque, "qui n'est autre chose que le fantastique riant", en font partie (*Pr.So.* 644). Monde de l'assoupissement, "cime du rêve" où le poète, à l'image de Jacob au pied de l'échelle, puiserait son inspiration et où, sur la base d'un fait conjectural mais aussi d'expérience, il cherche à déceler l'origine possible de cette "hilarité des ténèbres", de cette "gaieté sépulchrale", pierre angulaire de tout art naissant.

Alors que Baudelaire se réfère aux personnages de Pierrot, Cassandre et Colombine, pour étayer sa thèse sur le grotesque et le comique absolu[30], Hugo, en spéculant sur des prémisses presque identiques, aboutit à des conclusions fort différentes. L'un raisonne en philosophe, l'autre — dans la deuxième partie de son essai — en esthète :

> Toute la comédie italienne est un cauchemer qui éclate de rire (...) l'enfer se déguise en farce. Polichinelle, c'est le vice deux fois difforme (...) le spectre blanc coud des manches à son suaire et devient Pierrot; le démon écaillé, à face noire, devient Arlequin ; l'âme, c'est Colombine (*Pr.So.* 645).

Il semble que le rire dans l'art constitue l'envers d'un endroit, situé non dans le concret, mais dans un monde supraterrestre, impalpable, et dont le sommeil s'avèrerait être l'exutoire au niveau du manifeste. Monde abyssal seulement, ou monde diabolique ?

---

29. Adolphe Nysenholc et A. Willy Szafran, "L'originalité de Freud", *op. cit.*, p. 11-29.

30. Baudelaire, *op. cit.*, p. 375-376.

Ailleurs, — ce point sera réexaminé à propos de *L'Homme qui rit* — nous avons constaté que Hugo, plus hésitant que Baudelaire, semble désireux d'esquiver la question[31]. Sans doute parle-t-il de spectres, d'enfer, de démon, mais sans allusion directe à une quelconque puissance satanique, venue des ténèbres. L'association s'élabore entre l'ici-bas et l'au-delà, le *visible* et l'*invisible,* ne permettant que l'ambiguïté d'une gaieté mitigée de tragique. C'est surtout parce qu'il ne se voit pas, ou refuse de se voir au bord du gouffre, que l'homme éclate de rire. Le raisonnement de Hugo se teinte progressivement de pessimisme, dont on retrouve l'écho dans certains de ses recueils poétiques[32], ainsi que dans plusieurs écrits de jeunesse de Flaubert[33] :

> L'homme danse volontiers la danse macabre, et ce qui est bizarre, il la danse sans le savoir. C'est à l'heure où il est le plus gai qu'il est le plus funèbre.

Quoi de plus sinistre, de plus lugubre qu'un "bal en carnaval" ? Tout y est parodie grinçante d'une réalité terrifiante venue d'ailleurs. Des hommes fantômes y évoluent sous un déguisement que rien ne distingue du linceul, riant sous un masque dont la pétrification annonce déjà la rigidité du cadavre. Reflet d'un monde figé, le travesti ne saurait être qu'expression d'une gaieté pastiche (*Pr.So.* 644-646).

$$* \quad *$$
$$*$$

Indépendant de l'écriture et de toute trame narrative, humour ou ironie de l'auteur exceptés[34], le motif rieur dans *William Sha-*

---

31. Joë Friedemann, "De Melmoth à Gwynplaine, aspects du rire noir romantique", *op. cit.*

32. Plus particulièrement, *Les Contemplations* et *La Légende des Siècles.*

33. *Rage et Impuissance, Rêve d'Enfer, Smarh,* entre autres. Voir note 31. Cf. Gustave Flaubert, Œuvres complètes, t. 1, Paris, Seuil 1964, p. 83-218.

34. Exemple d'ironie de l'auteur : dans *William Shakespeare*, les passages où Hugo s'attaque à la bêtise ne sont pas rares : « Le devoir étroit de la science

kespeare, qui se réfère principalement à l'idéologique, apporte une information déterminante à la connaissance du phénomène dans la pensée hugolienne. Même si nombre de points restent encore à éclaircir au plan philosophique et génétique, il est certain que l'écrivain est parvenu à présenter, dans cette œuvre, une ébauche conceptualisée de sa réflexion en la matière.

A cet égard , l'idée d'inconnaissable et d'insondable constitue une manière d'épilogue à son système. Elle prendra, dans son esprit une signification si tangible, que peu après *William Shakespeare* et les essais des années soixante, l'écrivain cherchera, semble-t-il, à la matérialiser avec la publication de *L'Homme qui rit.* Cet ouvrage qui scelle en quelque sorte sa méditation commencée avec *Han d'Islande,* suggère que le rire n'est, en fait, que la manifestation d'une *apparence* : apparence d'une surface; mais aussi et surtout, d'une profondeur, car porteuse d'une signification métaphysique, voire mythique, et dont l'origine est à rechercher dans l'au-delà.

---

est de sonder tous les phénomènes (...) Un savant qui rit du possible est bien près d'être un idiot » (*W.S.,* 262). Ou bien encore : « Il y a quelques années, "une plume fort autorisée (...) écrivait ceci : "Le plus grand service que puissent nous rendre les poètes, c'est de n'être bons à rien. Nous ne leur demandons pas autre chose". Remarquez l'étendue et l'envergure de ce mot (...) Quand l'aplomb d'un idiot arrive à ces proportions, il mérite enregistrement » (*W.S.* p. 410).

CHAPITRE VI

L'HOMME QUI RIT :
DU NON-RIRE MASQUE AU RIRE
DES PROFONDEURS

Dans une première approche et abstraction faite du titre, il n'est besoin que d'examiner les tableaux synoptiques du début de cette étude pour constater[1] la présence du gène dominant rieur dans *L'Homme qui rit*. Ses différentes acceptions engagent la plupart des personnages et se déploient, une fois encore, en nuances de toutes sortes. Outre le *narrateur,* elles concernent à la fois des *individualités* (Gwynplaine, Ursus, Dea, Josiane, Barkilphedro, Lord David), des *groupes* (les comprachicos, le peuple, les lords), des *entités métaphysiques, mythiques* ou *allégoriques* (Dieu, Satan, le sphinx, la mort, la fatalité), ainsi que des thèmes se référant plus spécifiquement au *grotesque,* au *masque* et au spectacle des *tréteaux.*

---

1. La représentativité sémasiologique des termes *rire, sourire*, de leurs dérivés dans des champs à la fois étroit, étendu et mitoyen, atteint une récurrence d'environ 610 pour les 433 pages de texte de l'édition Laffont. A titre de comparaison, la récurrence des *larmes, sanglots, pleurs* est de 46. Celle des *cris, hurlements, rugissements,* de 133. Et des *silences,* de 77.

Plusieurs aspects de cette thématique de *L'Homme qui rit*, au centre des préoccupations hugoliennes, ont déjà été examinés précédemment[2]. Mais à côté de l'impact révolutionnaire ou extérieurement monstrueux du rire de Gwynplaine, de l'ironie/ humour d'Ursus ou de l'auteur, autant de formulations d'un rire s'exprimant dans un contexte relativement propice, il y a place dans cette œuvre, plus que dans les précédentes, mais surtout de manière *différente*, pour une désignation sombre, sinon néfaste du phénomène. Arme à tranchant bipolaire, le rire entretiendrait des relations avec le monde de l'ombre, avec les forces obscures du néant. S'ouvrant sur une note plus spécifiquement humaine, parce qu'en rapport avec un engagement dans le grotesque moral et les préoccupations sociales, Victor Hugo étendra son investigation à un domaine, jusque là inexploré, et attribuera au phénomène une dimension visionnaire exceptionnelle.

1. Le rire du gouffre

Par l'insertion dans le récit d'un personnage à la grimace hilare et pétrifiée, séquelle d'une torture imprimée sur un visage d'enfant, le rire ou ce qui lui ressemble, devient manifestation gigantesque de portée hautement symbolique. Le masque effrayant de Gwynplaine est lié à une tendance au divertissement maléfique de

---

2. Voir à cet égard : Pierre Albouy, "Rire Révolution" *art. cit.* ; Léon Cellier, "Chaos vaincu et le roman initiatique" in *Parcours initiatiques*, Neufchatel-Grenoble, 1977, p. 164-175 ; Suzanne Nash, "Transfiguring disfiguration in *L'Homme qui rit*: a study of Hugo's use of the grotesque" in *Pretext-Text-Context, Essays on nineteenth century French literature*, Ohio State University Press, Columbus, 1980, p. 3-13 ; Henri Meschonnic, *Pour la Poétique IV, Ecrire Hugo*, Paris, Gallimard, 1977 ; Victor Brombert, *"L'Homme qui rit* : du rire à la vision", in *Victor Hugo et le roman visionnaire*, Paris, PUF, 1985, p. 215-257 ; Anne Ubersfeld, « Chaos vaincu et la transformation » in *Paroles de Hugo*, Paris, Messidor/Editions sociales, 1985. – Dans l'ouvrage collectif *L'Homme qui rit ou la parole-monstre* de Victor Hugo, *op. cit.,* les contributions de Bernard Leuilliot, "L'humour dans *L'Homme qui rit"* ; Michel Collot, "L'esthétique baroque dans *L'Homme qui rit"* ; Jean-Pierre Reynaud, "Le rire-monstre".

la nature humaine. Rabelais est interprêté ici dans un sens original : un rire, "propre de l'homme" sans doute, mais rattaché, non au bien et à la spontanéité joyeuse, mais au mal, dans sa manifestation la plus atroce.

A) Car c'est à partir d'une grimace contre-nature, d'une hilarité-apparence, résultant de la seule contraction des muscles du faciès que l'écrivain amorce sa réflexion. Dénué de toute manifestation phonique, doué d'une expression unique, parce que figé pour l'éternité, le masque de l'Homme qui rit ne peut traduire extérieurement qu'une vacuité de sentiment. Cette grimace est non-rire, une déformation, donc une perversion. En fait, il n'est peut-être pas de héros hugolien moins doué d'humour que Gwynplaine.

Preuve en est, dans le texte, la première allusion à ce rire, se heurtant de la part de Gwynplaine-enfant qui ne se connaît pas riant, à une dénégation absolue :

— Qu'as-tu à rire ? demanda Ursus. Le garçon répondit :
— Je ne ris pas. Ursus eut une sorte de secousse.
— Alors tu es terrible.

Le rire est toujours surprise. Le démenti d'une évidence rieuse ne l'est pas moins. Ursus, ce vieux "philosophe" que rien ne devrait plus déconcerter, est ébranlé jusqu'au tréfonds par la découverte qu'il vient de faire. Charge mystérieuse, effrayante d'un rire dépouillé de toute conscience inhérente au phénomène. Sa signification dépasse l'homme et débouche sur un inconnaissable d'autant plus significatif que, par contraste, la cécité de Dea est enregistrée par le même Ursus, presque par hasard, à la limite d'une fausse indifférence : "Tiens, dit-il, elle est aveugle" (469).

Si le rire de Gwynplaine est monstrueux au niveau du visage, donc des apparences, c'est qu'il est représentatif d'une projection issue en droite ligne du royaume des ténèbres. Ursus le sait bien, lui, dont la boutade conserve une teinte d'amertume :

Ce visage-là, (...) tu l'as pris à la grimace qui est au fond de l'infini. Tu as volé son masque au diable (559),

souffle-t-il à Gwynplaine, lui attribuant ainsi, prématurément, une allure prométhéenne qu'il ne revêtira, effectivement, que plus tard, à la Chambre des Lords. Car ce rictus, le saltimbanque ne l'a dérobé à personne. Ce sont des incubes, émissaires d'une humanité démonique qui sont venus plaquer, sur un visage d'innocence, le masque de leur propre satanisme. Ce rire est, à la fois, image et acte de turpitude, reflet de la "vieille laideur humaine", et recherche d'un plaisir diabolique, grimace figée aussi bien que dynamique de la pétrification de l'âme et du plaisir de nuire. Fabriquer "des monstres pour rire", c'est en même temps, affirmer sa propre monstruosité, et vouloir l'appliquer au peuple et aux rois rieurs (365).

Il est certes remarquable, qu'après une allusion au "rire amer" d'Ursus et à son inhibition au sourire (355/364), le second rire dans l'œuvre ne se réfère ni au ravissement, ni à l'interaction vitale du "consentement", mais bel et bien au "refus"[3], et à son corollaire, la malveillance ; à ce rire, comme dit Baudelaire, "intimement lié à l'accident d'une chute ancienne, d'une dégrédation physique ou morale"[4] et placé sous le signe de la difformité et de la cruauté. L'harmonie, celle du "paradis des délices", vient de Dieu. La mutilation, causée intentionnellement à la pureté et à l'innocence, est la conséquence d'une volonté régressive, ayant pour but de disloquer la Création. L'intrusion de l'anomalie qui évacue à la fois le Ciel et l'Homme, représente en un sens, le couronnement de l'acte infernal.

Apparence démentie par une essence, ce rire s'avère être expression d'un monde hostile, sombre, terrifiant, aliéné, mensonge, donc menace. D'un autre côté, le masque de Gwynplaine, fusion de "souffrances, hiatus, protubérances, écrasements", d'une laideur confinant à "l'art", est trop achevé pour que le secret de son origine ne soit pas exploré. Encore convient-il d'être prudent en ce domaine, comme nous l'avons déjà noté à propos de *William Shakespeare*. L'entreprise maléfique est-elle humaine seulement ?

---

3. Terminologie à rapprocher de celle de E. Dupreel qui parlera, beaucoup plus tard, de rire "d'accueil" et "d'exclusion" dans "Le problème sociologique du rire", *Revue philosophique de la France et de l'étranger*, juillet-décembre 1928, p. 213-260.

4. Baudelaire, *op. cit.*, p. 371.

Ou peut-on parler d' intervention extra-humaine, démoniaque ?
Plus hésitant dans ses conclusions que Baudelaire, Hugo semble
vouloir esquiver la question. Bien sûr, l'idée de l'insondable est
présente (559). Mais d'un autre côté, le texte apporte une préci-
sion qui, en matière d'article de foi, est très claire :

> Gwynplaine était un don fait par la providence à la tristesse
> des hommes. Par quelle providence ? Y a-t-il une providence
> Démon comme il y a une providence Dieu ? Nous posons la ques-
> tion sans la résoudre (532).

Ce rire imposé à un visage, corollaire d'un écart entre l'image
et l'intention, entre le phénoménologique et le conceptuel, est fondé
sur une irréalité, une illusion. Inclassable, il ne peut être inclus
dans aucune catégorie connue. Ni l'émotionnel, ni l'intellectuel, ni
l'inconscient ou le ludique ne sont de la partie. De là, la difficulté
de rattacher ce rire, sinon de manière artificielle, à l'une ou l'autre
des théories proposées par les philosophes et les chercheurs de tous
bords ... Nous sommes en plein *cosmique* hugolien.

B) Allons plus loin ... Anti-divine parce que anti-humaine,
cette démarche, à défaut d'être diabolique en son essence, ne s'en
tiendra pas à l'acte seul. L'hilarité maléfique du *bourreau* vient en
effet contrebalancer le non-rire masque de la *victime*. Le don
comique des Espagnols, déjà rattaché par Baudelaire au "cruel" et
au "sombre"[5], trouve dans les *comprachicos* des porte-parole
fidèles d'une vocation maligne soulignée à plusieurs reprises par
Victor Hugo. Il fait de ces "achète-petits", représentants d'une
ombre qui défigure et qui masque, des maîtres-artisans pervers en
matière de fantaisie grotesque (368-369). A l'égard de leur victime, la stratégie des comprachicos se jouera sur un registre
double : le *silence* d'abord, dont ils enveloppent le secret d'Etat,
tout comme les préparatifs de l'abandon, et puis le *rire*, le leur,
cette fois, rire d'une liberté retrouvée, gaieté brutale (402), presque
aussi impitoyable que celle ayant ponctué, jadis, la défiguration de
l'enfant.

---

5. Baudelaire, *op. cit.*, p. 376.

Pourtant, dans le cas présent, cette "hilarité de l'évasion" (45) n'est que pure illusion de liberté. Loin de les rapprocher de la délivrance et d'une aube nouvelle, l'océan précipite les *cheylas* vers les limbes des ténèbres menaçantes. Châtiés pour avoir cherché à dérouter le rire de sa vocation naturelle, ils verront leur jubilation se confondre avec "le rugissement", mêlé de "rires" et de "sanglots" des abîmes (417-419). Le rire est ici langage évocateur de terreur et de mystère, au même titre que les "hurlements", "cris", "plaintes" de toutes sortes, entrecoupés de "silences", qui s'élèvent des flots déchaînés et se déploient, comme Hugo le dit ailleurs, en "une colossale joie composée d'ombre"[6].

Ignoré au début, interprété comme un carillon de victoire et de liberté, le tocsin est accueilli par le patron de *La Matutina* dans un accès d'hilarité. Résultat d'une maldonne, ce rire se mue en défi, en attitude de "révolte" contre un océan se raillant d'un homme qu'il transforme en victime. "Te burlas de nosotros ?", te moques-tu de nous ? crie le chef de bande, en fixant l'ombre (421-424). Le rire du patron de l'ourque, peu avant d'être précipité dans les flots, le libère d'une contrainte cosmique. C'est la réaction véhémente et téméraire d'un être s'élevant contre un destin qui va le broyer, et à laquelle s'ajoute "la joie étrange", suscitée par l'imminence du danger. Avec l'ombre et le drame qui se précise, le rire des comprachicos, teinté de terreur et d'audace, finit par se fondre dans la "tragique ironie" (426) d'une lumière, qui comme le timbre de la cloche, ne fait que signaler l'approche du gouffre.

Sarcasme du *Destin* ? Témoignage de *l'Absurde* dans le monde ? *Châtiment* de l'Homme camouflé en ironie malveillante de *Dieu* ... ou du *Diable* ? Toujours est-il que cette "mystérieuse dérision" du naufrage semble faire écho au rire titanique du patron de l'ourque. Doit-on y déceler "le ricanement du combattant inaccessible" qui fait de l'homme, perdu dans l'océan, un "jouet" de

---

6. *Les Travailleurs de la mer*, p. 254-256. L'océan n'est pas toujours chez Hugo symbole de mal cosmique ou puissance monstrueuse. Il lui arrive d'être force providentielle et bienveillante : "Quand la mer le veut, elle est gaie. Aucune joie n'a l'apparence radieuse de la mer (...) L'hilarité grandiose du ciel s'y étale". Voir *Proses philosophiques*, "La mer et le vent", vol. Critique, p. 682

ses caprices ? Sournoisement, ou au contraire logiquement féroce, "l'océan s'amuse" avec l'homme (431-434) qu'il veut châtier, le "rictus de la trombe" se muant en "bâillement noir de l'infini" (437).

Le rire des *comprachicos* ne peut déboucher que sur celui de la *mort*. Peut-être plus que celle de Gwynplaine, en fin d'itinéraire, leur entreprise, à eux, est *prométhéenne* en son début. Vouloir rayer du visage humain "l'effigie divine" (366), pour y imprimer "un masque de rire" (636), c'est vouloir altérer le *Ciel*, c'est Le braver en prétendant rivaliser avec Lui. Les comprachicos qui aspirent à faire de l'éternité une entreprise humaine, souhaitent dérober le feu à l'Olympe. Aventure à la fois caïnienne, babélienne et satanique, elle est vouée à l'échec, aux larmes et à la destruction (439-443).

Mais, tel le phénix qui renaît de ses cendres, le rire des "dénicheurs d'enfants", disparus dans la nuit et la tempête, ressurgit transformé, de nombreuses années plus tard, et en un dernier sursaut, au seuil même des enfers. Tout comme Ursus, découvrant soudain, mais en des circonstances totalement différentes, la grimace rieuse de l'enfant de l'ombre, Hardquanonne dévoile ce même visage dans le décor sinistre de la Cave pénale. Rappelant, par certains côtés, les épisodes de *Chaos vaincu* et de la Chambre des Lords, la reconnaissance du rictus de Gwynplaine transforme le silence et les râles du comprachico en un "terrible" accès d'hilarité (632). Bien qu'il n'y ait pas à proprement parler d'interchangeabilité, il semble y avoir ici fusion partielle entre les rires d'un bourreau et d'une victime, dont les rôles à ce moment ne sont plus aussi clairement définis qu'ils l'étaient jadis. Ambiguïté, certes, et porteuse d'ironie, car elle recouvre la dérision intrinsèque d'une situation, en rapport avec le sarcasme de l'ombre et dans un contexte essentiellement tragique. A l'instar du patron de l'ourque, amarré à son gouvernail, Hardquanonne se met à ricaner, en signe de révolte désespérée, avant de basculer dans le néant. Mais non sans avoir confirmé et scellé une dernière fois, la vocation prométhéenne des comprachicos : faire de l'éternité, normalement dévolue à Dieu, une fonction humaine. "Et maintenant, ris à jamais", lance-t-il à Gwynplaine, dans une explosion de rire

(639). Expression violente d'une auto-dérision, mêlée de blasphème, au seuil même du gouffre qui va l'engloutir. La raison de vivre du comprachico était le sarcasme, par enfants suppliciés interposés. Il ne pourra disparaître que *dans* et *par* le rire (640) ....

> Triboulet a péché en riant", dit ailleurs le poète, "il a été condamné au rire[7].

2. Une grimace "dentesque"

Cette hilarité de l'ombre, qui ressurgira à plusieurs reprises dans le texte, jaillit, d'entrée de jeu, dans un épisode où se déploie la *détresse* humaine, associée à la *solitude* et au *silence*, avec une vigueur toute particulière. Pas une plainte, pas un cri chez l'enfant, après son abandon par les comprachicos (381-385). Tout est focalisé sur sa misère absolue, sa marche vers le "Rien" (387). Sous un ciel vide et glacé, univers déformé de par le forfait des hommes, il n'y a place pour un visage, lui même dévasté, mais qui ne se connaît pas encore comme tel, que pour une formulation fantomatique, émaciée, décharnée du monde extérieur.

A) Le pendu, croisé par Gwynplaine, dans son errance éperdue, est un "spectre" (388), vision prémonitoire, fantasmagorique du faciès rieur que (re)découvriront par la suite, Ursus, le public de la Green-Box, Hardquanonne et les Lords. Face au gibet, l'enfant affronte, à la fois, son propre "fantôme", avec son "masque" et ses "trous", couleur de nuit (389-390), mais aussi l'image mythique d'un peuple "crucifié", mutilé du cœur et du visage, dont il assumera la défense, plus tard au Capitole.

Il est évident que, dans un tel cadre, toute désignation rieuse ne peut être que l'expression d'une caricature de rire et, remarque on ne peut plus anti-bergsonienne, d'un non-émotionnel plaqué sur du non-vivant. Après le silence de l'abandon, dernière marque d'une trame sociale tissée par les comprachicos, l'enfant se heurte

---

7. V.H. *Les Tables tournantes de Jersey*, p. 78.

à un rire gravé sur une face momifiée, trace ultime et figée de ce que fut naguère une existence. Ce vestige de vie à relent de mort, constitue le premier contact d'une liberté retrouvée avec les réalités de ce monde. Comme le rictus de Gwynplaine, la grimace du pendu est marquée du sceau d'une intemporalité, ayant pour origine la perfidie humaine (389-393).

L'image réfléchie élucide la "fascination" ressentie par Gwynplaine devant le supplicié. Cet envoûtement se traduit par un échange d'expressions entre un personnage et son double, entre l'enfant et ce cadavre qui l'observe sans yeux, avec la fixation de l'inconscient. Il débouche sur la presque-confusion, "dans un même effacement" des immobilités. Bientôt bouleversée dans la mêlée monstrueuse et frénétique entre le fantôme et les corbeaux venus l'assaillir, cette pétrification d'un corps mort, de son regard et de son rire sera enregistrée par Gwynplaine comme un "rêve", annonciateur d'un assaut non moins monstrueux, parce que mis en mouvement plus tard, par le même "parodiste de l'ombre" (393), dans l'enceinte de la *Chambre des Lords*.

B) Outre les orbites vides, c'est sur les dents restées "humaines", parce qu'ayant "conservé le rire", que s'attache le regard indicible de l'enfant (389). Ce motif du rire dentesque, qui rejoint évidemment celui du dénuement des gencives et de la "bucca fissa usque ad aures" (470/532/636), à l'origine du rictus de Gwynplaine, constitue, nous l'avons déja souligné, un thème récurrent dans le continuum hugolien[8].

Le motif du rictus courant "jusqu'aux oreilles", comme dit Baudelaire, apparaît également chez d'autres écrivains au dix-neuvième siècle. Signe des temps, sans doute. Car, ajoute l'auteur des *Fleurs du mal*, en se référant au courant frénétique et à Melmoth,

---

8. Mis à part Nychol Orugix, Habibrah, Quasimodo, Javert, Fantine, le merlin, auxquels on s'est référé précédemment, on peut citer encore "la bouche démesurée où il manque des dents", le rictus glauque" du Roi des Auxcriniens (*Les Travailleurs de la mer*, p. 58), et la "bouche énorme et terrible" de Marat (*Quatrevingt-treize*, p. 871). De même, de nombreux dessins esquissés par Hugo, dont Goulatromba et Gavroche.

"tous les mécréants de mélodrames, maudits, damnés" en portent
la marque fatale. Et en cela, ils se rattachent à "l'orthodoxie pure
du rire"[9]. L'affirmation est à la fois pléonastique et paradoxale,
puisque pour le poète, cette orthodoxie résulte d'une combinaison
étroite, et plutôt impure, entre un signifié tragique et son signifiant
comique. Maldoror, le héros luciférien de Lautréamont, qui ne rit
pas, ira jusqu'à l'automutilation — il se fend "les chairs aux
endroits où se réunissent les lèvres" — pour remédier à cette
carence. En vain évidemment, car, ajoute-t-il :

> après quelques instants de comparaison, je vis bien que mon rire
> ne ressemblait pas à celui des humains, c'est-à-dire que je ne riais
> pas[10].

Edgar Poe créera le personnage d'Aegus qui, absorbé par le
mirage des dents de sa femme et poussé par une psychose hallu-
cinatoire, descend dans la tombe pour les lui arracher une à une :

> Les lèvres livides se tordaient en une espèce de sourire, et à
> travers leur cadre   mélancolique, les dents de Bérénice, blanches,
> luisantes, terribles, me regardaient encore avec une trop vivante
> réalité[11].

La fascination quasi morbide de Gwynplaine pour la face du
spectre ressemble à s'y méprendre, à celle d'Aegus. Mais Hugo
évite, car ce n'est ni son objet, ni sa vocation, d'entraîner son
héros dans l'engrenage de l'obsession et des mécanismes névro-
tiques. Sans pour autant aller jusqu'à l'idée fixe, le motif des dents
ressurgira encore, à plusieurs reprises, dans *L'Homme qui rit*. Les
images de morsure de la bouche et du regard s'y mêlent à celles
du rire, dans un rapport synesthésique qu'accompagne une charge
le plus souvent maléfique. Si les yeux mordent parfois, la denture
de Barkilphedro s'avère, elle, douée de vision (509). De même, la
machoire ébréchée du boxeur Helmsgaïl, son sourire édenté sont

---

9. Baudelaire, *op. cit.*, p. 373.

10. Lautréamont, *op. cit.*, chant I, p. 46.

11. Edgar Poe, *Berenice, Nouvelles histoires extraordinaires*, Paris, Louis
Couard, 1933, p. 87-88.

sans doute en rapport avec la violence du pugilat, mais aussi, semble-t-il, avec l'atmosphère funeste qui s'en dégage (525-529).

Plus tard, bien après l'épisode de la Pointe de Portland, Gwynplaine affronte l'image d'un Hardquanonne martyrisé qui ne peut pas ne pas évoquer dans son inconscient, le spectre rencontré jadis sur son chemin : "on voyait toutes ses dents. Sa face maigre et osseuse était voisine de la tête de mort" (628). Si, au même moment, le visage du *comprachico* est encore figé, son rire, nous l'avons vu, finira par éclater avec une telle puissance qu'il en mourra.

Ce pseudo-rire des dents appartient au royaume des ténèbres. Tout comme celui de Gwynplaine apparemment, mais de vocation autre, réminiscence du "grand rire infernal" (697), il recèle un mystère. Et ce n'est sans doute pas une coïncidence, si le personnage de Josiane est comparé à un sphinx, "aux dents féroces et souriantes" (700). Victor Hugo ne cesse de poser l'énigme, bien que dans une œuvre précédente, il semble avoir été bien près d'en démêler les fils. A l'instar de Gwynplaine, et dans des circonstances non moins dramatiques, Gilliat, au sortir de sa lutte implacable avec la pieuvre, se trouve soudain face à face, au fond de la grotte sous-marine avec le squelette de Sieur Clubin :

> il lui sembla voir (...) une sorte de face qui riait (...) Quelque chose riait en effet. C'était une tête de mort (...) les dents ricanaient[12].

La conclusion à laquelle paraît s'arrêter l'écrivain est double. "Le côté inquiétant du rire", déjà noté par Baudelaire, serait à rechercher en premier lieu, dans "l'imitation qu'en fait la tête de mort"[13], les dents étant aussi indispensables à la conservation de l'un que de l'autre (533). Mais la similitude entre faciès rieur et squelettique a des origines de loin plus profondes : au delà des apparences, elle implique une recherche des finalités.

---

12. *Les Travailleurs de la mer*, p. 286. De même, dans *Quatrevingt-treize*, à propos de Lentenac, Gauvain a la remarque suivante : "Oh ! comme cette tête de mort rirait" (p. 1038).

13. *Les Travailleurs de la mer*, p. 287.

Toute victoire sur la mort-monstre ne peut être que provisoire. Un provisoire qui se dévoile, dans le cas présent, de manière d'autant plus évidente que Gilliat, comme Gwynplaine, opteront tous deux pour la solution du suicide, faisant ainsi jaillir le rire avec une puissance virtuelle accrue :

> Lugubre ironie finale. Dans cet écueil d'où Gilliat avait compté sortir triomphant, Clubin mort venait de le regarder en riant. Le ricanement du spectre avait raison[14].

Dans la pensée hugolienne, outre sa représentativité grotesque, le rire « dentesque » symbolise aussi la dérision de l'ombre à l'égard de l'homme et de ses vains efforts pour lutter contre un néant qui le nargue. Dérision à l'endroit de la vie, d'une part. Mais également, point de vue inverse, sarcasme rentré de l'être, mouvement de révolte, projeté vers un monde extérieur qui le broie, et avec lequel il rompt en visière.

C'est pourquoi, concept éminemment équivoque, le rire des dents dans *L'Homme qui rit* s'accompagne d'un "reste de cri" et d'un semblant de "larmes", à consistance bitumeuse, ces trois réactions émotionnelles au Mal et à la souffrance s'exprimant dans le silence, par la seule mimique figée d'un cadavre (390). Silence orageux des ténèbres, imprimé tel un triptyque sur le visage de Gwynplaine, lors de l'épisode du gibet, et dont le décodage devrait se faire plus tard, pendant le discours à la Chambre des Lords.

3. Le sombre sourire du rêve

Avant d'accéder au sourire de transfiguration, découvert sur le visage de Dea, au seuil de la mort (783), Gwynplaine doit affronter plusieurs épreuves rieuses, dont chacune s'avère être un chaînon supplémentaire démystificateur de son propre rictus. Dans ce parcours initiatique, la finalité sociale et destructrice de l'hilarité lordienne est précédée d'une autre finalité, au plan de l'individualité, le ricanement malveillant de Barkilphedro et de Josiane.

14. *Ibid.*, p. 294.

Unis par une aspiration vers le Mal, ces deux personnages forment un couple antithétique au couple Gwynplaine/Dea, communiant, pour leur part, dans un même idéal de sublimité.

A) Derrière le sourire "de surface" de Barkilphedro qui, après l'échec de ses ouvertures du côté du divin, opte pour le démoniaque, se cache un tempérament envieux, hypocrite, tourmenté par la haine et le sentiment de puissance (505-509). "Qui fait rire le roi, fait trembler le reste" (511), souligne Hugo, traçant ainsi la voie à une ligne de conduite bouffonne peu orthodoxe, mais qui a le mérite de ne comporter aucune équivoque. Alors que Gwynplaine use de sa grimace comme moyen de divertissement, Barkilphedro décompose et recompose la sienne à des fins purement malveillantes. Associé à la nuit, propice à toutes les embûches, combiné à des rêves de torture, aux ombres de la rancœur et du plaisir, le rire tourne à la menace (511-515). L'innocence simulée est fourberie, "épanouissement monstrueux (...) profonde extase scélérate". Et la joie, "la chose en ce monde qui peut le plus être hideuse" (645)[15]. Par esprit de vengeance, le sourire "embusqué" de Barkilphedro s'applique, sans relâche, à implanter un autre masque, celui d'une hilarité figée dans les rangs des Lords. Gwynplaine ne s'y trompe guère, lui qui, plus tard, au moment du "réveil", interprètera le sourire de triomphe final de ce "puissant drôle" (511), comme "le sombre sourire du rêve" (686). Tout comme celui de Musdoemon, de Biassou, de Frollo, ou d'Olivier le Mauvais, le rire de Barkilphedro prend de l'ampleur à mesure qu'il s'enfonce plus avant dans les pensées démoniaques.

B) La volonté séductrice de la Duchesse, Eve du péché originel, constitue le pendant à la ruse ophidienne de Barkilphedro. Elle porte en elle toute la charge culpabilisatrice de la tradition

---

15. On retrouve la même idée dans *Les Misérables* à propos de Javert (p. 229) : "Aucun sentiment humain ne réussit à être effroyable comme la joie". Et dans *Melmoth ou L'Homme errant* de Maturin : "C'est une chose terrifiante que la gaîté du crime ; son sourire s'achète au prix de tant de gémissements !" in *Romans terrifiants*, Laffont, 1984, p. 737.

chrétienne, sur laquelle se greffe la volupté païenne de la Vénus mythologique (486). Le fruit de la connaissance auquel elle désire goûter, celui d'une sensualité grotesquement monstrueuse, a été planté par le Serpent dans un Eden au décor infernal . Josiane s'y livrera à un jeu de contrastes et d'ambiguïtés, mêlant à la fois vertu et perversité, amour et haine (489-491). Si ses propensions l'entraînent vers le démoniaque et le difforme, elle n'en éprouve pas moins une certaine attirance pour l'humour (486) et l'ironie (487) : rire de profondeur et de "réflexion", auquel l'auteur, fasciné, semble-t-il, par son personnage, attribue paradoxalement une "grace singulière" (491). Entre la Duchesse et Barkilphedro, les rapports se placent d'emblée au niveau du sujet/objet. Mais entre le roi et son bouffon s'élabore parfois un commerce, fondé sur l'égalité, sinon sur le renversement des influences. L'objet ayant pour lui le cocasse, le sujet réagira par l'hilarité (502-505), inconscient des périls contenus dans certains regards obliques (514).

Rire d'une grâce singulière sans doute, mais qui, dans des situations appréhendées comme essentiellement équivoques, se rétracte en une totale inhibition. Ainsi, le combat de boxe, cette "énormité britannique pleine de sang caillé" dont parle Baudelaire[16], et où Lord David conduit Josiane pour tromper son ennui (526-529), de même "l'indescriptible épilepsie d'hilarité" du public, lors de la représentation de *Chaos vaincu,* la laissent de glace, figée, et le regard fantomatique (590). Messager des ténèbres, le rire de Josiane ne peut éclater que dans le gouffre muré qui lui sert de palais, et répondre aux "rires contenus" qui y serpentent (688). C'est dans cette antre uniquement qu'elle affrontera Gwynplaine, dans le déploiement d'une puissance faite de "tous les sourires de la fortune sinistre" (692).

A la fois difformité et beauté du dehors et du dedans, la fascination réciproque se dessine sur fond d'horreur, celle du "rire

---

16. Décrite par Baudelaire, la caricature, "rencontrée" par hasard, par le personnage de Virginie, lors d'une première visite à Paris, représente "quelque bonne farce de boxeurs, quelque énormité britannique, pleine de sang caillé et assaisonnée de quelques monstrueux goddam" (*op. cit.*, p. 372). Notons à ce propos que Virginie finit par rire en regardant ce croquis, alors que Josiane trouve le spectacle parfaitement ennuyeux (529).

épouvantable" de Gwynplaine, retrouvé dans ses rêves par Josiane, et auquel elle répond elle-même de son "effrayant sourire" (695-700). S'unir à Gwynplaine, c'est "mordre au fruit de l'abîme", c'est s'identifier, dans l'image de la morsure, à la "vision du grand rire infernal", au sourire du pendu, de Hardquanonne et de Barkilphedro.

Alors que Gwynplaine tente de s'abstraire de sa difformité, en la sublimant au plan psychologique dans *Chaos Vaincu,* ou social à la Chambre des Lords, Josiane, pour sa part, n'a qu'une pensée : se complaire dans le Mal. A la fois Eve et le Serpent, corruptrice et ensorcelée, elle cherche à se fondre dans l'Homme qui rit pour mirer en lui sa propre monstruosité. Ce processus sadomasochiste se développe jusqu'au moment où, sur intervention extérieure, le charme est rompu. Car, s'il y a communication, celle-ci demeure possible, tant que dans l'imagination débridée de Josiane, Gwynplaine est mandataire de l'ombre. Mais elle se pétrifie dès que ce dernier devient envoyé du monde extérieur et de son conformisme. Rires et sourires se figent alors, pour se transformer en manifestations de mépris et de haine (702).

4. Une "démence épanouie"

Haine, mépris, rejet ... La grimace de Gwynplaine le rend, semble-t-il, définitivement inapte à toute insertion sociale qui ne serait pas celle mûrie par Ursus et Dea. Par intérêt personnel, Barkilphedro tentera vainement de forcer le destin. L'échec lui en sera signifié, et de manière irrévocable, chez les Lords.

A) Le choix de la Chambre Haute, symbole de l'Angleterre, théâtre de l'œuvre, rapproche une fois de plus la pensée de Hugo de celle de Baudelaire, selon laquelle un certain "comique" féroce" est à rechercher de l'autre côté de la Manche, dans "les royaumes brumeux du spleen"[17]. Mais chez Victor Hugo, *Albion* est en même

---

17. Baudelaire, *op. cit.,* p. 376.

temps cible et origine de ce rire. Dès l'abord, l'ironie de l'écrivain, fusionnant avec celle d'Ursus, se déchaîne contre l'aristocratie britannique (357-363). Cette dernière, comme par un juste retour des choses, le lui rendra bien, en verrouillant devant Gwynplaine par le sarcasme destructeur, la porte que le destin avait paru vouloir lui ouvrir. Le vice fondamental de la noblesse, l'inconscience égoïste absolue, doublée d'une conscience irréductible de ses privilèges, s'accompagne tout naturellement d'une joie mauvaise, où le laid, la difformité, le sadisme gratuit et blasphémateur s'épanouissent sans vergogne (491-496). Le *fun,* le *cant,* le *mohock* ont un seul et même "but grandiose : nuire", prendre plaisir à la cruauté et railler.

Les *comprachicos,* mandataires des rois et des grands, avaient fait du sourire de l'enfance, une parodie monstrueuse. Mais ils n'avaient pu atteindre l'âme. Aussi, la grimace de Gwynplaine s'avèrera-t-elle théoriquement récupérable par la rationalisation, par une projection de normalité sur une anormalité pleinement acceptée. Toute l'éducation donnée par Ursus, la tentative psychodramatique de *Chaos Vaincu* semblent aller dans ce sens. Incorporé physiquement et psychologiquement au cadre populaire, ce rire se voit, malheureusement, dénier la caution morale et sociale des privilégiés, qui lui refusent toute possibilité de parfaire le processus de sublimation engagée. Les Lords contestent la projection de la culpabilité et tentent, à toute force, de refouler le message leur venant du dehors. Accueillir le saltimbanque dans leurs rangs, ce serait endosser le préjudice qui lui a été causé, et assumer la vengeance roturière recélée dans l'initiative de Barkilphedro. Au lieu d'agréer la grimace du jeune pair d'Angleterre, en lui accordant un statut de noblesse officielle, ils préfèrent, par conformisme social et malhonnêteté de classe, la rejeter dans le gouffre, d'où il dit lui-même être venu.

L'aristocratie est cependant limitée dans le choix de ses moyens : seul le rire "noir" leur permet de se mesurer victorieusement à l'apparition titanesque de Gwynplaine. Les lords ne sont-ils pas en fait des "clowns" (697) ? Comme pour confirmer ces propos de Josiane, les rapports du nouveau venu et de ses pairs s'engagent sur une note bouffonne, avant de dévier vers le tragique (705-714). Comédie ahurissante que celle de ce premier contact, détaillé avec humour par le narrateur et qui se déroule sur fond de "pénombre" (723-724). Comme si, par la suppression du regard et la découverte soudaine du faciès de Gwynplaine, l'auteur désirait mettre la dernière main à l'espèce de sociodrame qui se jouera un peu plus tard, dans l'enceinte de la Chambre, réplique à rebours de celui mis en place par Ursus dans *Chaos Vaincu*.

B) La verve comique de ces pages a sa source dans les *ténèbres* ... Ténèbres du décor échafaudé par l'écrivain ... Ténèbres sociales, résultant de la tenue d'un pseudo-débat sur l'augmentation aberrante d'un privilège royal .... Ténèbres morales enfin, procédant du caractère provocateur et "offensant", attribué par les Lords à la difformité de l'Homme qui rit (723). Microcosme d'une certaine Angleterre, la Chambre des Lords, caractérisée à la fois par le "sérieux" de ses contributions politiques et guerrières, et par le "négligé" de sa parole et de son rire (727-728), présente un curieux alliage entre un esprit de gravité, volontairement aveugle ou inconscient de ses propres travers, et une tendance invétérée à persifler tout anticonformisme. Rien d'étonnant, par conséquent, à ce que la réaction de non-alignement de Gwynplaine, se profilant sur son effrayant rictus, soit accueillie de biais par la noble assemblée (736-738). Un réflexe d'objectivation (non pas, "qui est cet homme" ? mais "qu'est cet homme ?") accompagne le premier *cri* des Lords, à l'apparition du monstre qui se définira lui-même, d'ailleurs, et peu après, comme un hors-cadre.

Le sujet une fois transformé en *objet,* en "nuage", il reste à le faire disparaître. Succédant au *verbe* et au *cri,* le *rire,* expression privilégiée de la bonne conscience aristocratique, s'attelle à la tâche. Les rois s'identifient, tout naturellement, à ces dieux de l'Olympe qui font de leurs créatures[18] des jouets favoris et contribuent ainsi largement, par la cruauté et l'arbitraire, à faire de la bouffonnerie un synonyme de la vengeance (735-747). Le rire ori-

---

18. Et parmi elles, "le Satyre", ce personnage de *La Légende des siècles*, que nous retrouverons plus tard.

ginellement accueil, chaleur, générosité, indulgence, évolue en refus, âpreté, grossièreté, brutalité, d'où émerge la note satanique. Les Lords se sentent victimes d'une agression au plan du verbe et du regard. C'est pourquoi, réflexe de défense, leur rire se veut dégagé d'esprit de finesse et de circonspection. Et si Ursus, mettant en parallèle rire et savoir (570), se révèle modèle de lucidité, les Lords, eux, refusent la connaissance que leur apporte Gwynplaine, et revendiquent à la fois leur ignorance et leur incommensurable trivialité.

Avec la prolongation du discours du *gueux*, le rire des thaumaturges évolue de l'hilarité simple à l'explosion de fureur. Applaudissements et trépignements font face à "l'agonie" et au "râle" (742). Distincte de la réaction du public de naguère, la gestuelle lordienne se calque sur celle d'une populace inculte dont le ricanement, à la fois "ingénieux" de par ses conséquences, et "imbécile" de par sa teneur, aboutit à l'annihilation virtuelle de la victime. Ce rire est tout le contraire de la nuance et de la mesure. Le sphinx sourit, il ne rit pas. Car rire, dans le cas présent, c'est refuser d'absorber l'énigme, cacher l'inquiétude et se limiter au superficiel.

De "voie de fait" potentielle, l'hilarité de la Chambre Haute devient "débordement de haine"[19]. Colère "en basse continue", non-rire méprisant du lord-enfant conscient déjà de ses privilèges, jubilations de toutes sortes, le "chaos des ricanements" déferle en vagues de plus en plus puissantes, et annonce le retour à la confusion qui semblait s'être dissipée dans les représentations de *Chaos Vaincu*. En fait, après le psychodrame quasi réussi de la Green-Box — Ursus aurait malgré tout préféré "plus de sourire et moins de rire" (554-555) — le récit s'achève sur l'échec total de la confrontation à la Chambre (744). Car au *rire-cri* de Gwynplaine, expression de souffrance du genre humain opprimé, fait écho le *rire-vociération*, exhalant la fureur exacerbée de l'oppresseur. Les scènes de jugements, de tortures et d'exécutions ne sont certes pas

---

19. L'exaspération des émotions est marquée dans le texte par l'adjonction de termes antinomiques : gaieté/fureur, hilarité/haine (743).

chose rare dans l'œuvre hugolienne. Mais, associé à une terminologie, à des images de supplices et de mises à mort, le rire revêt un caractère plutôt insolite[20]. Mutilé par le masque buriné jadis sur son visage, Gwynplaine se voit de surcroît, écorché moralement par le ricanement de ceux qui lui interdisent toute espèce de rédemption, la vraie souffrance se situant pour lui, paradoxalement à ce dernier stade. L'opération "bucca fissa" avait été réalisée de manière indolore (636), alors que le rire des Lords, "lapidation et mitraille" (746), aboutit à la dépersonnalisation totale et à l'angoisse.

C) Le rire de Gwynplaine est à la fois écorce et substance : écorce de par le signifiant involontairement pétrifié de sa texture, substance par le signifié profond que lui attribue le poète. Traînant le fardeau d'un "rire éternel", séquelle d'un châtiment imposé pour une faute qu'il n'a pas commise, Gwynplaine déborde Sisyphe pour se transformer en Prométhée. Sa situation est doublement tragique: par la harangue-révolution tenue devant ses pairs, et par la matérialité d'un visage infirmant, de manière patente, le contenu même de ce discours. Si le plaidoyer de l'ironiste, "être comique au dehors et tragique au dedans", ne peut pas ne pas être pris au sérieux, celui de Gwynplaine, corollaire d'une conjoncture malheureuse, la rencontre de l'inconscience monstrueuse des privilégiés avec la monstruosité inconsciente de leur victime, est accueillie comme une bouffonnerie. Réalité formellement acceptée par Ursus, Dea, et le peuple, le visage et le verbe de l'Homme qui rit évoluent en chimère pour les Lords, en création d'un autre temps, d'un autre espace.

De statique, le rire de Gwynplaine devient dynamique, agressif, "craché". D'écorché, il passe à l'état d'écorcheur. Naguère, joie du bateleur sur les champs de foire et maintenant,

---

20. "Tuer, c'est l'effort du ridicule. Le rire fait quelquefois tout ce qu'il peut pour assassiner (743) ... Toutes les exécutions ne se font pas sur des échafauds, et les hommes, dès qu'ils sont réunis, qu'ils soient multitude ou assemblée, ont toujours au milieu d'eux un bourreau tout prêt, qui est le sarcasme. Pas de supplice comparable à celui du misérable risible" (745-746).

désolation universelle, haine, silence, rage, désespoir" (745) (...)
cariatide du monde qui pleure (759).

Cette hilarité n'est plus symbole d'oubli, mais d'une torture
d'allure christique, parce que rédemptrice des souffrances d'un
peuple opprimé. Faiblesse et force à la fois, le rictus du jeune Lord
Clancharlie est aussi symbole de révolte. D'une révolte antihu-
maine, et non pas antidivine, car, dit Hugo, "si Satan avait ce rire,
ce rire condamnerait Dieu". Lancé à la face du Ciel, ce rire ne
pourrait être que satanique. Or, c'est aux hommes qu'il s'en prend.
Dieu est un allié des damnés de la terre : tout comme Gwynplaine,
il ne peut qu'abhorrer les abus des nantis et leurs ricanements
venus des abîmes. Abyssal en un premier temps, de par l'intention
maléfique des *comprachicos*, le rire de Gwynplaine émerge dans
l'humain. Non pas Satan, mais Lucifer, porteur de lumière et d'un
rire-tonnerre, "cloaque de colère", annonçant le glas de tous les
privilèges et "la rouge aurore de la catastrophe" (745-746).

Telle une illustration métaphorique de la dialectique du maître
et de l'esclave, la gaieté "énorme" des bourreaux faisant face au
"sépulcre" de l'homme seul écrasé, le rire se présente ici dans un
contexte d'ambiguïté absolue. Celle de la fusion douteuse entre "le
grotesque et le sublime" ; de l'antinomie entre férocité et gaieté ;
du contraste insolite qui fait se rencontrer l'être et le paraître, la
"parodie" et le "désespoir". La découverte par Gwynplaine de son
identité véritable paraissait devoir lui apporter la lumière. Le sarcasme négativiste de la souche retrouvée le précipite à nouveau
dans l'équivoque d'une origine obscure. "Effraction définitive"
d'une destinée, retour à la "poussière", à la "chute", ce rire réim-
prime sur le front de Gwynplaine, la tache du péché originel (746-
747).

* *
*

Si tant est que le rire est à la fois source et aboutissement de
toute vérité, on ne peut qu'être surpris par la démarche de l'auteur, par une orientation qui s'ouvre sur un monde de valeurs à tel
point inversé, que le phénomène rieur en devient presque mécon-

naissable. Malaisé à définir en soi, de par sa fluidité, le concept semble, en outre, épouser dans *L'homme qui rit*, une des équivoques essentielles à l'origine de l'inspiration hugolienne : la difficulté pour le poète de réaliser la synthèse entre une tendance au "pessimisme visionnaire", et celle opposée, résultant de son "optimisme sentimental et verbal"[21]. On le sait, à partir des années quarante, plus particulièrement, l'existence de l'écrivain avait été marquée par des rencontres répétées avec le Mal métaphysique, social et politique.

Mais si la note sombre semble prévaloir dans *L'Homme qui rit,* Hugo ne veut pas, pour autant, la voir occuper seule le premier rang. D'autres nuances, plus traditionnellement enjouées, restent en lice et témoignent de l'orientation d'une réflexion indépendante qui refuse de se laisser submerger par un pessimisme destructeur.

En effet, pour faire pendant à ce dernier, il y a "la fournaise de joie et de rire (...) le gai tumulte" de la Green-Box (588) ; le "bon rire cordial du peuple" (751) que l'on peut rattacher avec Bakhtine, nous l'avons vu, sous son aspect "joyeux, libérateur, régénérateur (...) créateur", à la tradition populaire et rabelaisienne[22] ; Dea et son sourire d'amour et de générosité ; peut-être aussi, et de manière inattendue, "l'étrange rire d'enfant de Josiane" (699). Mais surtout, et formant infrastructure, il y a l'ironie pleine de généreuse amertume d'Ursus, et l'humour de l'auteur lui-même.

Malgré tout, au delà du caractère amphibologique d'une vérité exprimée dans le texte, à la fois idéologiquement et au niveau de l'énonciation rieuse, rire-lumière, rire-ténèbres, la question de la note finale et de son interprétation reste posée ... Sans doute, la grimace effrayante de Gwynplaine vient-elle se fondre dans le sourire "ineffable" de Dea (607), mais il semble que ce ne soit que par le biais d'une projection mystique, où la mort joue, une fois encore, le rôle essentiel. Aussi tenté que l'on soit de faire de ce

---

21. Max Milner, *Le Diable dans la littérature française. De Cazotte à Baudelaire*, vol. 2, Paris, Corti, 1960, p. 422.

22. Mikhaël Bakhtine, *op. cit.*, p. 60.

"sourire-transfiguration" (783-784)[23] la pierre de touche/ message ultime de *L'Homme qui rit*[24], il est peu probable qu'il traduise autre chose qu'un élan angoissé vers un infini idéal, l'aspiration à la rencontre de deux âmes dans l'éternité de l'amour. L'orientation rieuse dominante de cette œuvre, il nous semble[25], se situe ailleurs, dans un contexte plus terre à terre. Vraisemblablement, dans le monologue ultime de Gwynplaine, marqué tout entier par un retour, de formulation presque sartrienne, au sens des réalités :

> Il avait été attiré *au dehors* et là, piège affreux, il était tombé dans le chaos des rires noirs, qui est *l'enfer* ! (763)[26].

23. Contrairement à l'assertion de certains critiques, le premier sourire de Gwynplaine est celui qui apparaît au moment où il brûle la lettre de la Duchesse (608) : en signe de dédain moqueur à l'égard de Josiane, d'auto-satisfaction d'avoir réussi à dominer la tentation, et d'humour-générosité/ mensonge amoureux à l'endroit de Dea.

24. Comme le proposent Léon Cellier (*op. cit.*, p. 173) et Pierre Albouy, pour lesquels le suicide de Gwynplaine devient "mystère joyeux", réponse à l'appel de la vraie vie, accès au salut ... Certes, Gwynplaine sourit et "il semblait voir" une étoile au fond du ciel, "évidemment, il en voyait une". Mais d'un autre côté, il est d'abord "effrayant", il a "l'œil fixe", un "mouvement de fantôme", "les pas rigides et sinistres". D'autre part, "le ciel était absolument noir", "il n'y avait plus d'étoiles", "la nuit était épaisse et sourde" (783-784).

25. Voir à ce sujet les remarques de Henri Meschonnic (*op. cit.*, p. 169-171). Celui-ci, pourtant, ne s'avance-t-il pas un peu loin en affirmant : "il n'y a pas ici un seul rire heureux" ?

26. C'est nous qui soulignons.

CHAPITRE VII

« RIRE AVEC L'INFINI » :
L'APPORT DE LA POÉSIE

Entre Olympio et Maglia, quel rapport ? Indépendamment de l'œuvre, et contrairement à l'affinité naturelle reliant le phénomène comique à la prose et au théâtre, la corrélation entre poésie et rire qui n'a cessé de passionner les théoriciens d'Aristote à Boileau, est loin d'être une donnée d'évidence. La réserve est capitale, si on en croit à nouveau Baudelaire qui pense peut-être aussi à Hugo, quand il affirme, non sans inflexion critique :

> Si une intelligence poussée par une ambition supérieure, veut franchir les limites de l'orgueil mondain et s'élancer hardiment vers la poésie pure, dans cette poésie limpide et profonde comme la nature, le rire fera défaut comme dans l'âme du *sage*[1].

A la limite par conséquent, le *Poète* et le *Sage*, se confondant dans leur approche de l'absolu et de la perfection, ne sauraient s'abandonner au rire "qu'en tremblant". Pour l'auteur des *Fleurs du Mal*, la poésie, idéal du verbe et de l'esthétique, est *une*, d'une unité quasi divine. Elle ne peut donc se mouler dans un rire, émanation d'un sentiment double et contradictoire, voire satanique,

---

1. Baudelaire, *op. cit.*, p. 373. C'est nous qui soulignons.

au plan des émotions comme des tendances rationnelles profondes[2].

Si la restriction est essentielle, l'interrogation ne l'est pas
moins. Victor Hugo ne pouvait pas ne pas y faire allusion dans sa
théorie sur le grotesque. Dans la *Préface de Cromwell*[3], il avait
défini "la poésie vraie, la poésie complète" par "l'harmonie des
contraires", en la rattachant davantage au "drame", mais sans
l'associer encore, et spécifiquement, au rire (*Pr.Cr.* 16-17) ...
Quelques années plus tard, un poème dédié à André Chénier et
daté de 1830, apportera certaines précisions, en contraste sans
doute avec les vues de l'auteur des *Elégies*, mais peut-être plus
encore, avec l'orientation baudelairienne à venir. Pour Hugo, le
mélange des genres n'est pas plus étranger au domaine de la muse
qu'au texte dramaturgique ou à la fiction romanesque. "André,
c'est vrai, je ris quelquefois sur ma lyre", précise-t-il, avec une
nuance d'auto-justification. Il n'y aurait, ainsi, ni incompatibilité
essentielle, ni "mésalliance" entre le sublime lyrique et les ingrédients légers ou désinvoltes dont l'œuvre prosaïque est familière.
La poésie est totalité, et comme telle, elle est lieu de rencontre et
d'alternance de toutes les expressions ou émotions, associées à
l'homme et à la nature. La joie n'étant étrangère à aucune écriture,
il en résulte qu' entre la "gaieté" et "l'azur", l'hilarité et l'Olympe,
l'insouciance d'un mot et le vers, il n'y a pas d'hiatus. Rabelais

---

2. Affirmation contredite, semble-t-il, par Alain Vaillant, et quelque peu « à
rebrousse-poil », dans son article « Les Fleurs du Mal, chef d'œuvre comique du
XIXe siècle » in *Humoresques, Poésie et comique*, n° 13, janvier 2001.

3. Les références aux titres dans le corps du travail seront signalées entre
parenthèses par un sigle, l'indication du volume de Poésie et celle de la page,
Laffont 1985 : *Préface de Cromwell (Pr.Cr.)* – *Les Contemplations (Cont.)* – *Les
Rayons et les ombres (Ray. Om.)* – *Les Chansons des rues et des bois (Chans.)*
– *Odes et ballades (Od.Ba.)* – *L'Art d'être grand-père (Art)* – *La Légende des
siècles, 1re série (Lég.P.S.)* – *La Légende des siècles, nouvelle série – (Lég. N.S.)*
– *Les Orientales (Orient.)* – *Toute la lyre (Lyre)* – *Les Quatre vents de l'esprit
(Vents)* – *Les Voix intérieures (Voix int.)* – *La Fin de Satan (Satan)* – *Les Châti-
ments (Chât.)* – *La Pitié Suprême (Pi.Su.)* – *Les Années funestes (An. Fu.)* – *Les
Chants du crépuscule (Ch.Cr.)* – *Dieu (D.)* – *Religions et Religion (Rel.)* – *Actes
et paroles (Actes)* – *L'Année terrible (An.Te.)*.

se retrouve chez Dante, et "l'immense deuil", dans "le rire énorme" (*Cont. II*, 260-261). "La poésie au front triple qui rit, soupire et chante ; raille et croit" (*Cont. II*, 267) est aussi contraire aux normes classiques qu'à celles que semblent vouloir lui fixer les adeptes d'une poésie sculpturale ou idéale.

Les choses paraissent claires. Le constat baudelairien devait trouver son démenti dans les écrits poétiques hugoliens, où la concomitance du thème rieur et de l'expression esthétique apparaît de manière évidente. Il faut dire que d'autres poètes se rangeront, en un sens et plus tard, à certains des arguments de Hugo, et parmi eux, Corbière, Laforgue, Apollinaire, Eluard[4].

> L'humour est une condition de la poésie, dira Aragon (...) Quel humour chez tous les grands poètes ![5]

Il est évident que cette perspective exigerait un examen approfondi ; nous renonçons pourtant à nous y engager totalement. Le foisonnement idéologique répondant à l'immensité et à la variété de la production poétique de Hugo, notre objet est forcément limité. Non pas, précisons-le encore une fois, un examen du comique hugolien, ou de son esprit satirique, dont *Les Châtiments, L'Ane, Les Chansons des rues et des bois* ou *Les Quatre vents de l'esprit* offrent de nombreux aperçus, mais la poursuite d'une quête : suivre la trace du thème rieur dans les écrits poétiques pour tenter d'en définir les linéaments conceptuels. La lecture fait

---

4. Pauline Newmann-Gordon, *Corbière, Laforgue, Apollinaire ou le rire en pleurs*, Paris, Nouv. Edit. Debresse ; Michel Launay, "Le Rire poétique de Paul Eluard" in *Hommage à Jean Onimus*, Annales de la Fac. de Lettres de Nice, 38, 1979.

5. Aragon, *Traité du style*, Gallimard, 1980, p. 139. Pour une étude générale de la question du rire (ironie, comique) et de la poésie, voir J. Cohen, "Comique et poétique", *Poétique*, n° 1, 1985 ; Jean Emelina, *op. cit.*, p. 141-150. Dans *Humoresques*, n° 13, *Poésie et comique*, éd. Jean-François Louette, Michel Viegnes, 2001, en particulier les contributions de Pascal Debailly, « Le poétique et le comique dans la satire classique en vers », et Pierre Jourde, « Comique et forme poétique chez quelques poètes du XXe siècle » ; Philippe Hamon, *L'Ironie littéraire, Essai sur les formes de l'écriture oblique*, Paris, Hachette, 1996, p. 47-58.

émerger une espèce de chronique idéologique du rire, dont l'évolution, depuis l'aube des temps, semble correspondre, dans ses grandes lignes, à l'idée qu'allait se forger Victor Hugo en ce domaine.

1. Les données d'harmonie

Au commencement était le *Verbe*, mais sans doute aussi ... le *rire*[6] ! Constatation paradoxale d'un premier temps amène qui, Victor Hugo le suggèrera à maintes reprises dans ses recueils, n'appartient pas à la seule idiosyncrasie individuelle ou subjective, mais, dans un contexte moins prosaïque, voire ontologique, aux *origines bibliques* du monde. Il ne s'agit pas de revenir ici, sur l'évolution des sentiments religieux du poète[7], ou de spécifier quelle a pu être l'influence de la Gnose sur sa réflexion théologique ou mythique[8], mais d'examiner en quoi le rire, sous l'impact de la tradition judéo-chrétienne, se révèle être un des catalyseurs directs de sa pensée.

S'il faut attendre jusqu'au chapitre XVII pour trouver une mention explicite du verbe *rire* dans la *Genèse,* le motif se trouve déjà contenu virtuellement dans les premières pages de l'*Ecriture.* En effet, une création conçue dans le sérieux, voire l'indifférence de son auteur, autrement dit éloignée du jaillissement de la vie, de la joie et de la beauté, était-elle imaginable ? ... Certains pères grecs avanceront que le monde devait sa formation à un état d'esprit ludique[9]. Dans *Le Nom de la rose,* le moine Jorge de Burgos

6. Joë Friedemann, *"La Genèse* : au commencement était le rire", *art. cit.*

7. Voir à ce propos, Denis Saurat, *Victor Hugo et les dieux du peuple*, La Colombe, 1948 ; Géraud Venzac, *Les Origines religieuses de Victor Hugo*, Bloud et Gay, 1955.

8. Jacques Heugel, *Essai sur la philosophie de Victor Hugo au point de vue gnostique*, Paris, Calmann-Lévy, 1930 ; Pierre Albouy, *La Création mythologique chez Victor Hugo*, Paris, Corti, 1985.

9. Harvey Cox, *op.cit.,* p. 179. Léon Dumont, *op. cit.,* cite un auteur allemand, Zeising, *Ästhetische Forschungen*, 1855 : « L'univers est le rire de Dieu,

invoque, pour le condamner sans appel, un manuscrit d'origine obscure, qui attribue au rire divin l'apparition des "sept dieux gouvernant le monde", dont la lumière, l'eau, le destin et l'âme[10]. Quant à Paul Claudel, il comparera le "grand rire de Dieu", lors de la création, à celui de l'homme qui rit en donnant la vie à un enfant[11]. L'élan primitif serait, par conséquent d'abord, un épanouissement, marqué d'une souriante complicité de Dieu à l'égard de l'Homme, et corollaire de la perfection du projet fondateur originel.

C'est dans cette voie exégétique peu banale que les intuitions de Victor Hugo paraissent se diriger. Contrairement à Baudelaire, porte-parole des "esprits orthodoxes", qui émet des doutes sérieux quant à l'éventualité du rire d'un Dieu omniscient au Paradis terrestre[12], Hugo affirme, dès la *Préface*, que "la Bible s'ouvre riante

et le rire est l'univers de celui qui rit. Celui qui rit s'élève jusqu'à Dieu, il devient créateur en petit d'une création gaie, destructeur du rien, contradicteur de la contradiction ». Peu convaincu du raisonnement, Dumont fait la remarque suivante : "l'assimilation du rire à la création du monde me paraît une des productions les plus baroques que l'esprit humain ait jamais enfantées" (p. 35).

10. Umberto Eco, *op. cit.*, p. 473. Egalement à ce propos, Nelly Feuerhahn, *Le Comique et l'enfance*, Paris, PUF, 1993, p. 20-21.

11. Pierre Moreau "Introduction" in *Cahiers Paul Claudel*, 2, *Le rire de Paul Claudel*, 1960, p. 11-19.

12. Baudelaire, *op. cit.*, p. 371. Sur ce sujet, deux conceptions semblent s'opposer :

a) la première, attestée depuis le Moyen Age, refuse tout rapport entre le rire et Dieu ou le Christ. Pour exemple : Pierre le Chantre, cf. Harvey Cox, *op. cit.* p. 179. De même, Bossuet, au 17ᵉ siècle : "le Christ n'a jamais ri, alors qu'il a volontiers pleuré", cf. Dominique Bertrand, *op. cit.* p. 108. ou encore, Lamennais, au 19ᵉ siècle : "Qui pourrait s'imaginer le Christ riant ?", cf. *Esquisse de philosophie*, t. 3, Paris, 1940, p. 371. La formule "Christ ne riait pas" intervient, comme un leit-motiv dans *Le Nom de la rose* d'Umberto Eco.

b) Une conception plus souple, moins intégriste, juive aussi bien que chrétienne, envisage l'éventualité d'un rire divin, en se référant de manière précise aux *Ecritures*. On consultera avec profit : René Voeltzel, *Le Rire du Seigneur. Enquêtes et remarques sur la signification théologique et pratique de l'ironie biblique*, Strasbourg, Oberlin, 1955 ; Gabriel Blokor "Le Rire dans la Genèse", *Les Nouveaux Cahiers*, 2, 1965 ; Edwin M. Good, *Irony in the Old Testament*, avec la *Genèse*" (*Pr.Cr.* 16). Nourri d'une réflexion dénuée de dogmatisme, le poète voit le *rire* comme concomitant à l'apparition de la lumière. Obéissant à un plan d'harmonie préétablie, la Création fait surgir du néant une nature rieuse "naïve et colossale" (*Lég.P.S*, II, 574), émanation d'un optimisme fondamental, d'un espoir en un avenir non entaché du péché originel. Spinoza, pour qui "la joie comme le rire, la jubilation sont en Dieu", n'avait, semble-t-il, rien dit d'autre[13].

Rire d'harmonie, dans un premier temps par conséquent, "ce bon rire qu'Eden jadis entendit" (*Art*, III, 823), le poète en retrouvera des échos un peu partout, par la suite. L'aurore biblique marque le départ d'un éternel recommencement, rythmé par le retour des saisons, le renouveau de la vie dans "ses mille aspects" (*Ray.Om*. I, 974), la renaissance d'une nature illuminée d'un "sourire divin", parce qu' à la source même de la lumière. Le printemps et les mois qui rient et se régénèrent sont autant de victoires sur le chaos primitif, la mort et les ténèbres (*Cont*. II, 259/279/301). Le chant des oiseaux, où se reflète la gaieté empreinte d'humour de la nature entière, rappelle "la grande fête" du matin du monde, son "rire enfantin" (*Chans*. II, 850), lui même réminiscence du "grand sourire idéal" (*Chans*. II, 859) de la première offrande de Dieu à l'Homme.

En un sens, et en dépit de la *Chute,* le premier âge du monde et celui de l'homme se rejoignent ... Dès lors, il était logique que la recherche du *Paradis perdu* s'ébauchât dans la nostalgie du retour à l'innocence de l'enfance (*Od.Ba*. I, 200). Période d'enchantement, décrite par l'auteur, où les cœurs finissent par se rencontrer (*Art*. III, 725), mais où l'enfant, "souriant à la croix", se prépare également aux tribulations de l'existence par un rire qui le protége d'un environnement progressivement hostile (*Od.Ba*. I,

Erdsmann Publ. Cie, Michigan, 1972 ; Sandmel Samuel, *The Enjoyment of Scripture,* Oxford Univ. Press, 1972 ; Judith Stora-Sandor, *L'Humour juif dans la littérature. De Job à Woody Allen*, Paris PUF, 1989 ; Jenson Jakob, *Humour and irony in the New Testament*, illuminated by parallels in *Talmud* and *Midrash,* Leiden, Brill, 1985 ; Joë Friedemann, *art. cit.*, note 6.

13. Jean Duvignaud, *op. cit.* p. 42.

108). Bergson, plus tard, dans sa compréhension de la psychogé-
nèse du comique, aura l'idée de lier le rire aux premières années
de la vie. Freud approfondira encore cette perspective : remonter
aux racines infantiles du comique signifie pour lui, plonger dans
l'inconscient[14] ... Auparavant et intuitivement, Hugo s'était engagé
dans cette voie : si le rire de l'adulte se rapproche davantage des
faits d'expérience, celui de l'enfant envoie ses racines vers l'insondable (*Art*, III, 752) :

> Un rire vague et pur qui vient on ne sait d'où (....)
> Oh ! quel profond sourire, et compris de lui seul (*Art,* III, 807)

Ce rire de l'enfant, qui a peu de rapport avec celui dont parle
Erasme[15], recèle tous les éléments d'une résurgence d'un Eldorado
primitif : la profondeur, la pureté, l'expression de la lumière et de
la beauté idéale, sa ressemblance avec le firmament (*Art*, III, 833).
Marque d'insouciance et de profondeur, de dépassement du deuil
et de la mort, "ce rire des enfants qui fait sourire Dieu" (*Lyre*, IV,
344) est, pour Hugo, malgré, ou à cause de son origine mystérieuse, l'une des manifestations les plus tangibles de la présence
divine au monde :

> Nul n'ira jusqu'au fond du rire d'un enfant ;
> C'est l'amour, l'innocence auguste, épanouie,
> C'est la témérité de la grâce inouie
> La gloire d'être pur, l'orgueil d'être debout,
> La paix, on ne sait quoi d'ignorant qui sait tout.
> Ce rire c'est le ciel prouvé, c'est Dieu visible (*Lég.N.S.* III, 525)

Mais si nostalgie du paradis perdu il y a, elle ne saurait être le
fait de la seule pureté enfantine du *Commencement,* elle concerne
également Eve, la femme non encore séduite par le Serpent, ou
corrompue par la Connaissance. La maturité rieuse confirme ainsi
l'orientation dans laquelle s'est engagée l'humanité :

14. A. Willy Szafran, Adolphe Nysenholc, *op. cit.*, p. 21.

15. Dans son texte sur La *Civilité puérile*, publié en 1530 : "L'éclat de rire,
ce rire immodéré qui secoue tout le corps et que les Grecs appelaient pour cela
le secoueur, n'est bienséant à aucun âge, encore moins à l'enfance". Cité par
Dominique Bertrand, *op. cit.* p. 127.

>   Les vierges aux seins d'ébène,
>   Belles comme les beaux soirs,

rient de se voir "nues" parmi les peuplades inconnues des premiers temps du monde (*Orient.* I, 418-419). A l'instar de celui de l'enfant, "le rire des femmes" est "un des reflets du ciel" (*Ray.Om.* I, 943), plein de mystère (*Cont.* II, 503) mais aussi d'aube et de printemps (*Lyre*, IV, 567), où l'homme, au delà des perspectives affectives, pourra trouver une réponse à ses aspirations spirituelles. Car le concept des origines aboutit à la totalité harmonieuse de *l'amour*, "cri de l'aurore", et "sourire mystérieux des voluptés intérieures" (*Cont.* II, 317), celui de l'échange et du don de soi, dans une liberté totale qui "partout éclate et rit" (*Vents*, III, 1359). La femme, par le bonheur extatique qu'elle procure à l'homme, est un reflet de l'harmonie divine primitive.

2. L'intrusion de l'équivoque : la déchirure humaine

Or l'histoire le montre, l'harmonie des origines, des "charmants siècles naïfs" (*Chans.* II, 872) ne devait pas se perpétuer. La première étape arrivera à son terme avec l'octroi de la *Connaissance*, l'irruption du péché et le meurtre du frère par le frère.

A) L'ambiguïté va s'insinuer dans l'histoire. Au lendemain même de la Création, une espèce de tension surgit entre deux orientations divergentes. Le projet divin initial subit un bouleversement imprévu qui instaure une rivalité de l'Homme avec Dieu. La joie, la bonté du Créateur, sa spontanéité se heurteront à la méditation ironique, corollaire de l'intrusion de la contestation philosophique, issue du libre arbitre accordé à l'homme. Première mimique spontanée de mise en question de l'ordre divin, le *rire tendancieux* fait son apparition ... "Ils sont toujours là" : le rire de Caïn, "voyant partout le glaive", l'hilarité "infâme" de Cham, et "l'horrible joie" de Nemrod accompagnant son sentiment de toute puissance (*Vents*, III, 1182-1184). Peut-on parler ici, avec Michel Tournier, de "rire blanc", rire subversif du chaos et de l'absence ; rire à deux dimensions, opposant le *cosmique*, l'ordre, l'équilibre, et le *comique* qui implique un monde à l'envers et même chaotique[16] ?

Donnée première d'harmonie, par conséquent, le rire évolue progressivement en facteur de *disharmonie*, s'ouvrant à la crispation, voire à la rupture. Résultat de la bipolarité essentielle à la base de la nature humaine, il devient lui-même *double*. Une situation nouvelle s'est créée ... Zénith et Nadir, ces "Deux voix dans le ciel" se définissent, l'une, par "le haut", l'amour, le beau, l'esprit, "le sourire éternel des frontons dans l'azur"; et l'autre, par "le bas", l'instinct, le bonheur charnel, le mal et le sarcasme ... "L'envers" et "l'endroit". Si Démocrite et Héraclite sont les deux visages du genre humain, il y aura désormais, en tout homme, à la fois un Jean qui rit et un Jean qui pleure (*Vents*, III, 1190-1198).

Car le Mal physique et métaphysique impose partout et progressivement sa présence. Hugo n'attendra pas d'avoir (re)lu Dante, dans les années trente, pour rattacher le rire à la *souffrance*. Très tôt, il avait vu dans *La Divine Comédie* une œuvre de précurseur, une des premières jonctions entre "la pâle misère et le "sourire appauvri" (*Voix int.* I, 887-888).

En se laissant aller à la *dérision*, celle du "mutilé qui (rit) de la plaie éternelle" (*Satan*, IV, 22) la *victime*, qui cherche à se protéger en faisant face dans la dignité, ironisera sur son propre sort, rire d' *impuissance* à la fois moqueur, cynique et désespéré (*Cont.* II, 330-337). Mais parallèlement aussi, ce rire marquera le *refus* de l'impuissance et de la détresse, la *fierté* de la victime refusant de s'avouer vaincue, la victoire de l'esprit, de la non-soumission aux impératifs du corps et aux humiliations de l'arbitraire. Ils ne sont pas rares, les malheureux qui triomphent. A la limite, "le martyre est joie (...) le supplice est volupté". Esope rit de sa "difformité" et Scarron de sa "fièvre" (*Cont.* II, 462-464). Alors qu'Adam et Eve pleurent le premier meurtre de l'histoire, leurs descendants découvrent le rire et s'élèveront à des sommets qu'aucune normalité n'aurait permis d'atteindre :

16. Michel Tournier, *Le Vent Paraclet,* folio, Gallimard, 1977, p. 198-201 ; Kirsty Fergusson, "Le rire et l'absolu dans l'œuvre de Michel Tournier", *Sud*, 1, 1986, p. 76-89.

Saigne et ris, c'est ainsi qu'on devient un héros,
C'est ainsi qu'on devient sublime (*Vents*, III, 1330).

B) Or, si le rire ambigu de la *victime* s'ouvre parfois au *sublime*, il est évident que son envers, le ricanement du *persécuteur* se situe aux antipodes mêmes de ce concept. Le rire maléfique est l'expression indubitable de l'impact grotesque dans la pensée de Hugo, mais sans doute plus encore, la marque de ses préoccupations morales ... Depuis "le rire infernal" des bourreaux contraignant Mlle de Sombreuil à boire du sang (*Od.Ba.* I, 150) jusqu'à celui des vainqueurs du 2 Décembre, ripaillant avant l'exécution des vaincus (*Chât.* II, 8) ; en passant par le cynisme démesuré des despotes face au peuple qui "sanglote" (*Pi.Su.* III, 951) ; la jovialité des courtisans, tout à leurs débauches, "la bouche, par le rire et la soif élargie" (*Chât.* II, 33) et celle de la vieille Louve Tyrannie qui raille en marchant sur les "squelettes" (*Chât.* II, 46), le ricanement du vice et du crime imprègne l'histoire, de bout en bout. Dès l'aube du temps, les représentants de l'ombre rient.

Et ils sont nombreux à être relevés par l'écrivain. Peut-être plus, d'ailleurs dans l'œuvre poétique que dans la fiction ou le théâtre. Se prêtant davantage à la conceptualisation, la référence au rire dans la poésie revêt, en quelque sorte, valeur de symbole. Chez Hugo, comme plus tard en plein vingtième siècle, le "crime heureux" prospère et s'esclaffe (*Chât.* II, 238). Accompagné d'une "orgie de meurtres" (*An.Fu.* IV, 521-525), partagé par tous les autocrates de l'histoire, il se résume d'une formule lapidaire : "tue, éclate de rire et règne" (*An. Fun.* IV, 733) :

Ainsi l'on règne. Ainsi l'on gouverne (...)
Némésis, la déesse au regard de bourreau
Rirait dans la hauteur sinistre des nuées
Si l'on livrait Jocrisse à ses vastes huées (*Album 1869*, Seuil III, 137).

Cette dialectique ambiguë de la *victime* et du *bourreau*, Hugo l'illustrera particulièrement dans "Les Cariatides", œuvre statuaire où le rire, figé dans la pierre, constitue le complément d'une réflexion amorcée dans une perspective socio-politique. Sculptés par ce "railleur démesuré" et grand prêtre du grotesque pictural qu'est Germain Pilon, tous les damnés du despotisme monarchique se trouvent rassemblés, en un bas- relief de "mascarons tragiques", sur les arches du Pont-Neuf. Telle une "parodie infernale et farouche", ils composent une sorte de fresque historique de la France d'*avant*, où peuple et rois s'affrontent, sur fond de rire, dans un combat idéologique gigantesque. La "mascarade" se perçoit au travers du "suaire", le faciès de Rabelais est plaqué sur le visage de Dante, et le regard des faunes annonce l'explosion imminente des révolutions (*Vents*, III, 1388-1392). Le masque monstrueux de ces sculptures est le reflet d'une pétrification millénaire, confondant à la fois sanglots et explosions d'hilarité. Larmes de tous les maux accumulés au cours des âges, et opposées aux rires d'un avenir, porteur de certitude et d'un bonheur qui, au delà de la souffrance immanente, finira par échoir aux peuples opprimés, avec la chute du despotisme[17].

> Serfs qui depuis mille ans trainez l'immense croix,
> Et regardez passer ces spectres qui sont rois !
> Vous en avez pleuré, voici l'heure d'en rire (*Vents*, III, 1394).

En fait, à la limite, il s'agit là d'une dialectique protomarxiste que Victor Hugo associe, de manière originale, à un phénomène d'ordre ontologique. Entre le rire des rois et les pleurs de leurs sujets, une permutation finira par s'opérer au cours des temps. Si les premiers rires ont été accaparés arbitrairement par le despo-

---

17. Cette orientation socio-politique de la pensée de Hugo n'est pas très éloignée de celle, théologique, proposés par l'exégèse biblique, à propos de la naissance du patriarche Isaac (*Genèse*, chap. XVII, 17-20) ... Isaac (Yitz'hak), le fils d'Abraham porte un nom, à sens métaphorique, qui signifie : *il rira*, forme future du verbe hébraïque Tze'hok (rire). L'appellation est moins sibylline que ne le suggèrent certains ... Malgré le presque-sacrifice demandé par Dieu à Abraham, Yitz'hak, l'un des personnages les plus tragiques de l'histoire biblique, rira. Il rira, car le futur s'oppose au passé. Le rire d'Abraham, au moment de l'annonce de la naissance d'un fils par les Anges, est le rire de la perplexité, d'un présent humainement hypothétique. Celui de son fils concerne l'avenir et la certitude d'un bonheur qui, au delà de la souffrance immanente, finira par échoir à Israël, lors de l'accomplissement de la promesse divine. Voir à ce propos, Elie Wiesel, *Célébration biblique*, Paris, Seuil, 1975, p. 88 ; André Schwarz-Bart, *Le Dernier des Justes*, Seuil, 1959, p. 48 ; Joë Friedemann, *Le Rire dans l'univers tragique d'Elie Wiesel, op. cit.*, p. 27-32 ; de même, *art. cit.*, voir note 6.

tisme royal, les derniers, sans conteste, reviendront après les grands bouleversements révolutionnaires, à la souveraineté populaire. A l'image de leur règne, le rire des tyrans ne devrait avoir qu'un temps : "Patience !"... La domination du Mal ne saurait se prolonger indéfiniment . L'avertissement, ironiquement lancé par un des mascarons du Pont-Neuf, est prémonitoire d'une "expiation" inscrite dans la logique inéluctable des événements.

L'expiation aura lieu, en effet. Mais, ironie du sort ! elle n'aura pas les résultats escomptés. Au lieu de s'évanouir avec la chute de la monarchie, le ricanement du bourreau se perpétuera en changeant simplement de camp : la guillotine allait remplacer les chaînes de Montfaucon ! (*Vents*, III, 1405-1407)

3. L'impact métaphysique

Le sarcasme du bourreau, la dérision de la victime sont de l'ordre du *relatif* ... Mais en matière d'ambiguïté rieuse, il en est une, *absolue*, celle ayant trait à l'irrationnel et aux mystères de l'au-delà. Si la donnée organique, le rictus affreux d'un crâne aux machoires sans gencives (*Od.Ba.* Seuil, I, 202 ; *Lég. N.S.*, III, 280) et la donnée humaine, "les cris de mort", mêlés aux "cris de fêtes" (*Od.Ba.* I, 125) tiennent une place importante dans la réflexion hugolienne, la composante ontologique n'en est pas pour autant reléguée au second plan.

A) Omniprésente et arbitraire dans ses choix, la *Mort*, "spectre au rire affreux" (*Cont.* II, 516), constitue le scandale suprême. Elle n'épargne personne, ni les enfants que l'innocence des origines ne réussit pas à protéger (*Cont.* II, 401), ni les jeunes filles à la joie de vivre inaltérable (*Cont.* II, 515), ni les mères, au sourire "sinistre" et pétrifié, impuissantes à chasser le trépas (*Cont.* Seuil, I, 683). La mort est là, cueillant tous les vivants, innocents et coupables, jeunes, vieux, riches, pauvres, petits et grands de ce monde. Au milieu des fêtes et des festins, au moment où "l'échanson rieur" verse le vin en même temps que l'oubli, où le banquet, sûr de son bon droit et sans égard pour la détresse des misérables, "semble éclater de rire" ... apparaît, inattendue et menaçante, la *Mort* qui emporte un convive, au milieu de la frayeur générale (*Ch.Cr.* I, 70l-704).

Dès lors, chez le poète, la voie s'ouvre à de poignantes méditations métaphysiques. Des réflexions, empreintes de scepticisme, viendront s'immiscer à des professions de foi et des instants de conviction intense. En effet, si de l'*abîme* béant jaillissent des "sanglots farouches", joints à des "rires moqueurs", l'*ici-bas*, de son côté, ne saurait renoncer à l'espérance ou à l'illusion.

Sourire d'un mystère face à la souffrance humaine, ou indice d'une éternité qui s'amalgame aux moments joyeux de l'existence ? Angoissantes, les questions ne peuvent que demeurer insolubles. Le fossoyeur, nourri de réminiscences shakespeariennes, le sait bien, lui qui, répondant de son rire à celui des "dents que la terre déchausse", ne se laisse troubler, ni dans ses occupations, ni dans son ivresse. Puisque la vie, avec ses joies, fait place au trépas et à ses deuils, l'éternité serait-elle autre chose qu'un leurre ? En conséquence et, face à un fatalisme dévastateur, l'issue, devant la tombe grimaçante et le ricanement de l'immensité, ne serait-elle pas à rechercher du côté d'une existence insouciante, dans une vision épicurienne des choses (*Cont.* II, 474-490) ?

En tout état de cause, et quelle que soit l'option retenue, les œuvres de l'homme restent illusoires. Ses efforts pour perpétuer, monuments ou nécropoles à l'appui, le souvenir de son court passage sur cette terre, suscitent le rire de la mort elle-même (*Vents*, III, 1154-1157). La statue pétrifiée d'une vie qui s'en est allée est "souvent d'une sombre ironie" (*Océan*, Seuil, III, 696) ... Présentée sur le mode railleur, voire dans la dérision, "L'Epopée du ver", ajout révélateur à *La Légende des siècles*, illustre la comique insignifiance de ces tentatives : "Hommes, tendez vos arcs, quelle que soit la cible, c'est moi qui suis le but". Au rire de l'*être* "au bout visible de la vie", réplique l'hilarité victorieuse de l'*au-delà*, et de son représentant officiel, le Ver, qui le nargue à l'autre bout. Rongeant le "dessous de la joie", le ver transforme l'être éphémère en chef d'œuvre éternel, en "squelette qui rit". Car, il n'y a que deux puissances en présence : "Dieu qui fait les mondes" et ... "le Ver qui les détruit" (*Lég. N.S.* III, 363-377).

Cette vision d'une mort narquoise traduit la vanité de toute aspiration à l'éternité, face au néant implacable. De là, par contre-coup, un rire qui s'avère être le support d'une vue nihiliste de la condition humaine, négation du concept de foi, d'une promesse en la vie éternelle, comme récompense de l'obéissance de l'homme aux commandements divins :

> Tout visage qui rit a, dans l'horrible espace,
> Derrière lui pour ombre une tête de mort.
> Naître ! Mourir ! – On entre, entrez.- Sortez, on sort. (*D*. IV, 629)

La *Mort* rend le questionnement mystique caduc. La croyance fondée sur la conviction immatérielle d'une réalité divine est, en effet, incompatible avec l'appréhension ou la connaissance sensible. Reflet du "jour d'en bas", le "noir rire" du squelette signifierait, même pour les justes et les croyants, "l'épouvantable moquerie du tombeau qui sait le néant", donc l'inanité de tout espoir en un monde futur et en un au-delà de béatitude. Le rire ne serait ainsi que l'écho en creux d'un infini inexistant ou n'ayant de réalité qu'imaginaire.

> Qui donc a ri ? criai-je égaré. Quel qu'il soit,
> Qu'il se montre – Alors, blême, et se tenant tout droit,
> Je vis monter du fond de l'abîme un suaire ...
> C'était de ce linceul qu'était sorti ce rire.[18]

B) Anti-spiritualiste, ce point de vue n'en constitue pas pour autant le stade ultime des méditations du poète en la matière. Si, conçue comme une orientation possible de la réflexion métaphysique, cette perspective sur fond de discordance et d'équivoque rieuse est en rapport avec l'Insondable et le Néant, d'un autre côté, le mystère du "noir fourmillement des choses invisibles" (*Lyre*, IV, 221), "sombre psaume" qui "chante au fond de ce qui rit" (*Chans*. Seuil, II, 236) rattache le phénomène au *savoir*, voire aux (in) certitudes de la Foi. Le rire pose le problème de l'existence d'une *vérité* à la fois ouverte et fermée à Dieu ; celui de sa *grâce*,

---

18. *La Légende des Siècles, La Fin de Satan, Dieu*, Pléiade, Gallimard, 1950, note 79, p. 1289.

mais peut-être aussi de son *silence*, voire de son *hostilité* envers le monde créé.

Car, si elle rit de la souffrance et de l'épouvante humaines, la mort inéluctable peut être également consubstantielle à une Divinité, indifférente à l'idée de justice, sourde aux prières des hommes, et mêlant arbitrairement et le Bien et le Mal :

> Souvent, dans ses desseins, Dieu suit d'étranges voies
> Lui qui livre Satan aux infernales joies,
> Et Marie aux saintes douleurs ! (*Od.Ba.* I, 77)

Le sourire du commencement distingué par les âmes qui mettent leur confiance en une "espérance étoilée" (*Voix int.* I, 865) risque ainsi de s'évanouir pour laisser la place à la raillerie d'un démiurge voltairien, insensible, à l'instar des dieux mythologiques, aux souffrances de ses créatures (*Art.* III, 746-748). L'histoire de ces divinités, celle de l'ombre, de la débauche, de la guerre et de l'oppression, s'oppose à une réalité terrestre, jadis heureuse et libre. Face aux immortels qui s'esclaffent devant leurs vains efforts, les hommes s'avèrent totalement désarmés (*Lég.N.S.* 215-225). A telle enseigne que c'est presque un "treizième dieu, le dieu *Rire*" que l'on verra surgir du fond de l'immense Olympe (*Océan*, Seuil, III, 776).

A cet égard, l'allégorie du "Satyre" est représentative de la coexistence troublée qui s'est instaurée, depuis les temps les plus reculés, entre L'Homme et la Divinité. Conduit par Hercule devant "les dieux terribles", le faune comparaît tel qu'il est, "hérissé, noir, hideux", au procès qu'on lui intente. L'entrée du pauvre hère crée un étonnement comparable à celui provoqué par l'apparition de Quasimodo, pendant la Fête des fous, ou de Gwynplaine, à la Chambre des Lords. Un énorme éclat de rire l'accueille, des dieux, des déesses, des muses, auquel s'associe tout le macrocosme de l'anthropomorphisme mythologique. Sans équivalent dans l'histoire de la Création, la tempête d'hilarité, "bruit divin" atteignant les étoiles, semble ébranler les assises du monde (*Lég.P.S.* II, 740-741). Ce sarcasme, c'est celui des grands, face à l'impuissance des faibles et des indigents ... Rire d'*agression* qui traduit plus que toute autre manifestation, l'aliénation, la dépersonnalisation de l'être devant la tyrannie d'un Créateur, devenu insensible à son œuvre, et ce, en opposition absolue avec son projet originel.

Mais l'ironie divine n'atteint pas toujours ce degré extrême, elle peut s'avérer moins offensive. S'en prenant seulement à l'aspiration prométhéenne des hommes, elle débordera la simple connotation hostile, pour déboucher sur le métaphysique en tant que tel. Entre le poète, qui recherche "un peu de jour", pour combattre l'appréhension du néant vers lequel il s'achemine et "l'esprit", à l'identité indéfinissable, va s'établir un dialogue insolite :

> Et l'âpre obscurité qui nous voyait tous deux
> Et s'étoilait au loin de vagues auréoles,
> Put entendre ce sombre échange de paroles
> Entre l'esprit étrange et moi, l'homme ébloui :
> — Non, rien de tout cela. — Que demandes-tu ? — LUI (*D*. IV, 582-583).

Cet échange, portant sur l'essence même de l'Etre, sur le désir de l'homme d'aller au fond des choses, conduit lui aussi, à un échec : il s'achève sur "un affreux rire moqueur", impossible à identifier, une "gaieté terrible"[19] qui ne peut laisser le poète que "muet" et désorienté :

> On éclata de rire une seconde fois.
> Et ce rire était plus un rictus qu'une voix ;
> Il remua longtemps l'ombre visionnaire,
> Et s'évanouissant, roula comme un tonnerre
> Dans ce prodigieux silence où le néant
> Semblait vivre, insondable, immobile et béant (*D*. IV, 583-586)

La voie serait-elle sans issue ? Hugo ne s'y résigne pas. Car si la quête de l'absolu semble vouée à l'insuccès, la poursuite d'une vérité qui veut ignorer la transcendance, s'avère elle, tout aussi vaine. L'Etre risque de s'y confondre avec le Néant ... De là, *Dieu,* cet immense poème qui oscille parfois entre la croyance et le doute, entre le refus de l'absurde, et la difficulté pour la raison de croire en une divinité personnelle et toute-puissante. De manière signifiante, c'est le rire ironique et pyrrhonien qui rythmera, de ses éclats, les étapes variées de cette quête du Graal d'un

---

19. *Ibid.*, p. 955. Voir à ce propos Paul Bénichou, « Victor Hugo et le Dieu caché » in *Hugo Le fabuleux*, colloque de Cerisy, Paris, Seghers, 1985.

nouveau genre. Par trois fois, venu d'un au-delà d'angoisse, un "affreux rire" explose, réduisant pour ainsi dire à néant toute justification de l'entreprise.

C) A l'évidence, tenter d'élucider le *rire* en rapport avec *Dieu* ou la *Mort* (ou inversement, Dieu et la Mort, à partir du *rire*) aboutit à une incertitude. Dès lors, autre hypothèse à envisager, faut-il expliquer ce phénomène inquiétant, cette gaieté sur fond de souffrance, par le *Mal* dissimulé au cœur de la nature humaine, voire par l'intervention d'un *pouvoir satanique* dans la marche du monde ? ... Si le Mal surgit au centre de l'œuvre sous les traits de tous les maudits, envieux, méchants, depuis Musdoemon, Habibrah, Frollo, Thénardier, Clubin, jusqu'à Barkilphedro, c'est plus particulièrement, comme allégorie du *Diable* qu'il apparaît dans les recueils poétiques. L'iniquité est présente sous les oripeaux de Satan accompagnant, comme un leitmotiv obligé, les événements les plus significatifs, mais aussi les plus anodins de l'histoire de l'homme. Dans la succession des générations, depuis la Création, ses moments forts et faibles, ses périodes de grandeur, mais surtout de décadence, se profile une ombre, celle du Diable, oscillant entre la malice et la dépravation, la puissance et la fragilité, incapable, en fait, de trouver sa vocation véritable :

> Et dans l'obscur taillis des êtres et des choses
> Je regardais rôder, noir, riant, l'œil en feu,
> Satan, ce braconnier de la forêt de Dieu (*Lég.N.S.* III, 191)

Car le diable hugolien a plusieurs visages. Celui, tout d'abord, du démon un peu folâtre de la *Genèse* qui se moque du Seigneur et de ses créatures, en apposant subrepticement et en "souriant", un ongle, "au bout du doigt rose" de la femme (*Chans.* II, 936). Ni mauvais bougre, ni *dramatis persona*, il lui arrive d'intervenir malicieusement, pour faire dévier le projet divin de son objectif ultime (*Chât.* II, 111). Avec sa "barbe de bouc" (*Vents*, 1195), et son "rire railleur" qui inspireront le Priape d'Horace et le Bottom de Shakespeare (*Océan*, Seuil, III, 732), il est le témoin prioritaire et sarcastique de l'histoire humaine, et de ses vaines tentatives pour reconquérir un paradis qui s'obstine à rester hors de portée (*Art*, III, 857). Personnage à la fois méphistophélique et bon vivant, Gallus — "prince chenapan ... sage gouailleur", aimant "aussi bien les fleurs que les femmes (...) J'ai pour travers de rire, dit-il, et de vouloir qu'autour de moi, on rie" — en est une éloquente incarnation (*Vents*, III, 1244). Si l'amour s'avérait être autre chose qu'un aimable jeu, le rire disparaîtrait, et Gallus ne serait plus ce qu'il veut être, un maître de l'ironie, "un grand prince railleur", comme le définit son compagnon Gunich.

Donc, à première vue, rien de vraiment profond chez ce Satan, dont les représentations remontent d'ailleurs très loin dans le temps, et que, dans *Religion et Religions*, Victor Hugo dit avoir été créé par les théologiens, comme épouvantail pour esprits simplistes. Il ne faut cependant pas s'y tromper : ce Diable extérieurement sans épaisseur, si ce n'est folklorique, et à la limite poétique, doit être pris au sérieux, comme le dit Max Milner : son "rire subversif et décapant, mettant à nu l'envers des choses et ne respectant en conséquence aucun tabou, aucune hiérarchie, est très semblable à celui du bouffon"[20].

Mais à ce premier volet satanique, il faut en ajouter un second, au caractère ontologique plus appuyé, et correspondant davantage à certaines données de la tradition judéo-chrétienne. Le vrai démon, en fait, n'est pas une invention de l'imaginaire, mais a sa source dans le concret (*Rel.* III, 978-980). Satan, c'est l'instinct du *Mal* lui-même, composante essentielle de l'humaine condition, depuis la *Chute*, et dont Hugo fait un personnage allégorique "bien vivant"[21]. Ainsi à l'hilarité blasphématoire des "deux Archers" (*Od.Ba.* I, 338-340), répond le ricanement de Satan, annonçant la mutation du rire sceptique de l'homme dans ce monde-ci, en "grincement de dents" dans l'au-delà. Sans doute, "l'infâme ange bourreau" donne l'impression "d'exécuter Adam", seul, chaque jour et depuis l'aube des temps (*Lég.N.S.* III, 279) ; il reste que l'homme se présente souvent comme le complice, voire l'initiateur de l'entreprise maléfique. Si Satan paraît railler l'humanité "à travers

---

20. Max Milner, "Le Diable comme bouffon", *Romantisme,* 19, 1978, p. 3-12.

21. Pierre Albouy, *La Création mythologique chez Victor Hugo*, Paris, Corti, 1985, p. 271.

l'échafaud transparent", c'est que le bourreau lui apporte un soutien de tous les instants (*Vents*, III, 1143-1147). Et si au fond de
sa toile d'araignée, on discerne le persiflage du Démon, c'est qu'il
fait écho au "RIEZ" impudent des épicuriens et des jouisseurs
(*Lég.P.S.* II, 829).

Bouffonnes ou malveillantes, ces images de la métaphore satanique sont dominantes. Une troisième s'y ajoutera cependant,
paradoxale, car peu conforme à la représentation stéréotypée que
s'en forge habituellement l'imaginaire populaire : celle d'un
diable hésitant, dévoré d'angoisse et presque misérable. Certes,
dans *La Fin de Satan*, le Diable est encore dépeint comme étant
l'origine du Mal ... Si Caïn, Judas, Barabas, créés dans le rire et
le crachat (*Satan*, IV, 3), restent des créatures de l'enfer, une volte-
face interviendra dans les relations complexes qui se sont tissées
entre Dieu et le représentant de l'ombre. N'ayant pas réussi à
vaincre l'Eternel, encore moins à ébranler son autorité, le Diable,
vaincu, tente une réconciliation dans l'amour. Mais l'échec qu'il
essuie s'avère encore plus cuisant : Dieu repousse ses avances, et
décide de le châtier. Seul et horrifié par l'abîme où il a été précipité, Satan devient un maudit, un exclu. Dirigé précédemment
contre autrui, son sarcasme se transforme en auto-dérision qui le
rend pitoyable : "j'eus un moment si noir que je mis à rire" ... Ce
persiflage, braqué sur soi, ne durera pourtant qu'un temps. Expression d'autonomie absolue à l'égard de Dieu et de l'homme, la
fibre ironico-diabolique ne tarde pas à reprendre le dessus. Satan,
même vaincu, n'est pas disposé à renoncer à sa vocation, faire le
mal en ricanant :

> Il me croit prisonnier, je suis libre. Je plane (...)
> Et je ris (110-111).
> Mais je me vengerai sur son humanité (...)
> Je défigurerai la face universelle (...)
> Et mauvais, je rirai, rayant tous leurs instincts
> Et toute leurs vertus de l'ongle de mes ailes (*Satan*, IV, 119).

Peut-être faut-il voir dans cette liberté hilare, imposée à Dieu
et au monde par un Satan plein de rancœur, l'une des sources,
sinon le symptôme principal, de la *dégradation* du projet divin,
orienté primitivement du côté du seul Bien : "l'un des nombreux

pépins contenus dans la pomme symbolique", comme le dit Baudelaire ... En celà, à quelques nuances près, la conception de Hugo ne serait pas fondamentalement différente de celle de Bonaventura, Jean-Paul ou Flaubert[22].

4. Le retour à la pondération

De l'harmonie des origines à l'intrusion de l'équivoque, en passant par le rire de la souffrance et du mal, celui de l'homme, mais aussi celui d'un Dieu ou d'un Satan raillant l'œuvre du *Commencement*, il semble que, dans cette diatonique de *l'exclusion*, peu de place soit réservée à l'optimisme, à l'espoir et à la spontanéité des lendemains qui chantent. D'autant que cet enchaînement, à base d'agression, risque de provoquer chez l'homme par réaction, une hilarité pyrrhonienne, voire nihiliste, compréhensible au plan logique, mais dont l'écrivain paraît, à un moment donné, vouloir se démarquer catégoriquement : rire des nourritures terrestres, de ceux qui optent pour "les plus beaux fruits d'ici-bas" (*Ch.Cr,* I, 779) en laissant à d'autres ce qu'ils considèrent comme l'effet d'une autosuggestion aussi vaine que mensongère.

---

22. Dans les *Nachtwachen* de Bonaventura, le rire a été dépêché sur la terre par Satan qui cherche à se venger de Dieu, le tout puissant *Werkmeister*. D'apparence jovial, il est accueilli sans réserve par les hommes, jusqu'au moment où jetant le masque, il se met à contempler le monde d'un air railleur et cruel. Cf. *Nachtwachen*, Kiepenliener Verlag, Weimar, 1913, p. 260. Jean-Paul, pour sa part, dira (*op. cit.*, p. 132-134) : « Idée profonde ! le diable, vrai monde inversé du monde divin, grande ombre du monde qui dessine par là-même la figure du corps glorieux, je le verrais bien aisément comme le plus grand des humoristes, comme un *whimsical man* ! » ... Dans *Smarh*, de Flaubert (*Œuvres complètes,* vol. 1, Paris, Seuil, 1964, p. 83-87), Satan, accompagné de Yuk, fait son entrée dans un monde en pleine décadence où l'on rit sans doute, mais sur fond d'angoisse : « Smarh tout à coup vit Yuk se berçant en riant et en se tordant dans les convulsions d'un rire immense, à une longue corde qui partait du ciel et descendait jusqu'à l'enfer ». Le rire de Yuk accompagne une chute progressive, réfléchie, voulue de toutes les valeurs traditionnellement respectées ou révérées vers une "apocalypse sans Dieu", selon les termes de Julia Kristeva, *Pouvoirs de l'horreur*, Seuil, 1980, p. 240.

A) La voie du refus, au début de sa quête, s'avérant sinon sans issue, du moins idéologiquement aléatoire, Victor Hugo adoptera par la suite, un parcours marqué du retour à une réflexion plus nuancée. Certes, dirait Descartes, on ne peut à la fois "bien conduire sa raison", et faire abstraction du doute philosophique ... Encore faut-il éviter de verser dans la contestation gratuite et le simplisme dialectique (*Voix int.* I, 893). Rien, en effet, ne paraît "plus aisé" que de rire, de "conclure tout par la négation", de faire état d'une gaieté ponctuant une pensée, plus proche de la mauvaise foi que de l'intégrité intellectuelle (*Ch.Cr.* I, 776-783). Une telle démarche risque de se retourner contre le rieur lui-même. Si la logique rationaliste constitue un ferment critique acceptable du point de vue strictement philosophique, "l'éternelle harmonie pèse", de son côté, de toute son "ironie", et vient en contredire, sinon en détruire le très savant cheminement (*Voix int.* I, 865). En cela, le poète est assez proche de Pascal.

Malgré des moments de faiblesse, de désespoir et de révolte, Hugo refusera, par conséquent, de poursuivre dans la foulée du scepticisme et de l'ombre. Il ne veut pas être de ceux qui "rient de Jupiter sans croire à Jehova" (*Chât.* II, 100). En s'élevant contre l'*Etre Un*, le rire risque de récuser aussi le *Moi* profond, de rendre l'homme aveugle et insensible aux vérités premières :

> Nier l'Etre ! A quoi bon ? L'ironie âpre et noire
> Peut-elle se pencher sur le gouffre et le boire,
>   Comme elle boit son propre fiel ? (...)
> Le sarcasme peut-il en crevant l'œil à l'homme
>   Crever les étoiles au ciel ? (*Cont.* II, 510)

Encore si la souffrance humaine fournissait la preuve de l'inexistence divine, la pensée pourrait s'édifier sur des bases nouvelles. Or, il n'en est rien. L'ironie est non seulement "fumée", mais encore "imprudence", une bouche rieuse ressemblant curieusement à la grimace d'un crâne décharné. Sous prétexte de néant, l'ironie contient, dans sa démarche même, sa propre contradiction. "Un brin d'herbe qui tressaille" apporte son démenti à la négation de l'absolu et prouve l'éternité de la Création :

> Chaque fois qu'ici-bas l'homme en proie aux désastres
> Rit, blasphème, et secoue, en regardant les astres,

> Le sarcasme, ce vil lambeau,
> Les morts se dressent froids au fond du caveau sombre
> Et de leurs doigts de spectre écrivent -DIEU- dans l'ombre
> Sous la pierre de leur tombeau (*Cont.* II, 509-512)

Le sarcasme du doute, "le plus morne" de tous, désacralise mais il ne met rien à la place des valeurs qu'il cherche à détruire. L'initiative, s'il en était une, n'existerait qu'à l'échelle des intentions, car la nature poursuit imperturbablement sa route :

> Ni les eaux, ni les champs, ni les fleurs, ni les blés
> Ni les forêts ne sont d'un sarcasme troublés.

B) Bien qu'expression indéniable de liberté, le rire ne saurait se prétendre gage de certitude. " Les rieurs sont-ils sûrs de leur rire ?" Entre "le hasard de nier" et "le hasard de croire", lequel se rapproche le plus de la vérité ? questionne l'écrivain dans une formule que Pascal, une fois encore, n'aurait pas désavouée (*Rel.* III, 984-985). Zénith "le haut" aimant Dieu autant que sa création, s'oppose à Nadir, "le bas" qui rit sans cesse, en signe de négation universelle. Son hilarité, expression d'irrespect à l'égard du beau, du vrai et du sacré, "rire immonde, noir (...) et misérable" qui "hurle et mord le bas du firmament", est à la source de *l'orgueil*, ennemi juré de la transcendance. "Rien ne le désarme", il est l'expression fondamentale, mais souvent périlleuse, de l'autonomie accordée à l'Homme avec le libre arbitre[23]. Le seul moyen qu'aurait la Providence de se défendre contre les abus de sa créature, serait de lui pardonner, à la limite d'agir comme si ce rire n'existait pas (*Vents*, III, 1190-1198).

---

23. Notons que le thème de l'origine métaphysique du rire sera développé plus tard, de manière fort originale, par Elie Wiesel, *Les Portes de la forêt*, Seuil, 1964, p. 29 : « Sais-tu ce qu'est le rire ? ... C'est l'erreur de Dieu. En créant l'homme afin de le soumettre à ses desseins, il lui octroya par mégarde la faculté de rire. Il ignorait que plus tard, ce ver de terre s'en servirait comme moyen de vengeance. Lorsqu'il s'en rendit compte, il était déjà trop tard. Dieu n'y pouvait plus rien. Trop tard pour ôter à l'homme ce pouvoir. Pourtant, il s'y est appliqué. Il le chassa du paradis, inventa à son intention une variété infinie de péchés et de châtiments, lui donna conscience de son propre néant, et cela uniquement dans le but de l'empêcher de rire. Trop tard, te dis-je. L'erreur de Dieu précède celle de l'homme : elles ont ceci en commun qu'elles sont irréparables. »

Car, derechef, Dieu ne peut être une illusion, "un rêve", réduit à un "éclat de rire vague et sinistre" (*D.* IV, 634) dans un monde où le scepticisme serait la référence suprême. Le poète répudie au sarcasme blasphémateur. Mettre un lazzi à la place d'un symbole, ou Satan à la place de Dieu n'est pas son propos (*Océan*, Seuil, III, 721-722). Loin de lui de vouloir s'identifier avec un des "colosses du rire" qui se meuvent, en toute liberté, dans les choses du néant, en faisant "suppurer l'ironie exécrable" (*Océan*, Seuil, 709).

> Moi, je ne raille pas (....)
> Homme, je comprends peu, mais je ris encore moins (...)
> Silence ! Que sait-on ? Et je frémis de voir
> Ces arlequins jouer avec le masque énorme (*D.* Pléiade, 1129-30)

Avec le rire jaillissant dans la simultanéité du Verbe, Hugo pose une fois encore la question fondamentale des rapports unissant l'homme à la Divinité. Malgré les deuils et les épreuves qui allaient le frapper sans relâche, l'écrivain ne cessera d'être un homme d'espérance. Tout en lui aspire au retour à l'image du Dieu des origines, généreux et souriant, créateur de l'amour et de la joie, du "jour pour le sourire" et de "la nuit pour le baiser" (*Chans.* II, 892) ; d'un Dieu prêtant attention aux manifestations les plus modestes de sa création, "le premier amour" d'une "fleur toute petite" (*Chans.* II, 1013) comme au réveil de la nature entière. La poésie hugolienne est imprégnée de cette aménité divine, omniprésente d'un Créateur tout esprit, bonté, équité, sagesse, enivrant les âmes du "sourire inouï de son immensité" (*Satan*, IV, 122), s'ouvrant à celui qui l'attend, mais aussi à celui "qui le repousse" (*Chât.* II, 29). Le Christ "souriant et doux" imaginé par Hugo s'oppose à celui, de loin plus rigoureux, dépeint par Bourdaloux (*Océan*, Seuil, III, 703).

Déjà cité, "Le Satyre" témoigne, plus que tout autre peut-être, du signifié multipolaire rieur dans la pensée hugolienne. Le rire des dieux, agressivement malveillant au départ, parce que sanctionnant la culpabilité du faune, son exigence au droit à la différence, revêt par la suite, une signification divergente, à l'opposé de l'attitude antérieure. D'exécuteur, il devient salvateur. Doués de sens comique, sinon d'humour, les dieux ne sont pas irrémédiablement hostiles à leurs créatures. "Le débrailleur de la forêt de l'Olympe" est un être grotesque, il a su divertir ses maîtres et bénéficier d'une grâce qui paraissait impossible à obtenir. Sa grimace avait été saisie comme une contestation. Il s'en expliquera. Le rictus muet du faune, interprété d'abord dans le sens de la laideur sarcastique, se transforme en chant d'amour et de tristesse, interprétation bienveillante de l'univers et de ses attributs ... L'explosion du rire des dieux avait fait mordre la poussière au satyre. Son arrêt associé au verbe, aux concepts du sacré et de l'humain, lui fait retrouver une place aux côtés des démiurges, voire au-dessus d'eux (*Lég.P.S.* II, 735-751).

Victor Hugo ne saurait concevoir un monde livré à "l'immense spectre Ironie". L'existence d'un "Dieu qui rirait de son œuvre", un Dieu, "rieur énorme" et "Rabelais de l'abîme", le Néant se raillant de l'Etre, sont autant d'hypothèses qu'il se refuse finalement à envisager (*Lyre*, IV, 281-284).

C) L'œuvre poétique en témoigne : le rire de Victor Hugo, situé du côté de *l'accueil* et non de l'exclusion, suit une courbe allant d'une harmonie perdue à une harmonie recherchée, sinon retrouvée, en suivant les avatars de l'histoire et de ses propres réflexions. L'auteur vise à dépeindre un bonheur rieur conçu comme antidote au Mal dont souffre l'humanité. Soutien moral avant tout, le rire ouvert à l'optimisme, donc à l'indulgence et à l'aménité, est un style de vie qui fait partie du grand projet édénique primitif :

> Soyons joyeux, Dieu le désire.
> La joie aux hommes attendris
> Montre ses dents et semble dire :
> Moi qui pourrais mordre, je ris (*Chans.* II, 867).

Créé à l'image divine, l'homme a le devoir de rire pour échapper aux filets tendus par Satan. Hugo contrecarre ici à la fois Baudelaire et, nous l'avons noté à propos des *Misérables*, une certaine pensée chrétienne rigoriste, faisant du rire sinon une expression diabolique, du moins associée au Mal et à la négation. Cette idée d'un phénomène, émanation du divin (*Chans.* II, 900), mais aussi manifestation première des forces vives, "Rire et boire, et c'est la vie" (*Vents*, III, 1357), sera reprise en maints endroits dans l'œuvre. Rire est un impératif catégorique qui s'impose à chacun, partout et toujours :

> Oui, fût-on Homère, il faut rire ;
> Il faut rire, fût-on Caton
> Le bois nous offre Déjanire,
> Le pré nous donne Margoton.

Né chez les dieux, ou de par Dieu, et devenu caractère humain acquis, le rire "est". C'est pourquoi, il "règne". Le sourire de Jésus, marque de son humanité et de sa divinité, en est la preuve (*Lyre,* IV, 450). Transformé en symbole de pureté, et venu d'un au-delà mystérieux, il apporte à l'homme un adoucissement à ses maux (*Chans.* II, 930). L'homme peut y avoir recours dans un but opposé à sa vocation idéale et primitive, comme support du mal et de la volonté de nuire ; ou, au contraire, dans le but de lui restituer une fonction oubliée, celle d'ingrédient majeur dans le retour de la création à son innocence première.

Car dans cette régénération, un gain demeure irréversible : la *liberté* octroyée à l'homme au commencement ... Or, c'est justement cette liberté qui permettra à l'homme de revenir à l'harmonie des origines, celle où il vivait en symbiose avec son environnement.

5. "Le rire, quelle puissance !"

Extraire le rire de sa gangue maléfique est une chose. Le transformer en concept proche d'une certaine mignardise primitive en est une autre. Considérée comme fondamentale d'entrée de jeu, cette dernière perspective ne saurait pourtant constituer la seule finalité d'un auteur qui compte Rabelais, Shakespeare, Molière et Voltaire parmi ses maîtres à penser.

A) En fin de parcours, le rire pour Hugo va déborder sa quête de joie et d'innocence sans réserve. Par-delà le statisme des intentions, il devient une force indispensable à la réédification d'un monde au progrès moral et social sans cesse remis en question. Le phénomène rieur évolue, stimulé par une indépendance d'esprit exprimant, de manière fragmentaire sinon absolue, une appréciation *critique* sur tout ce qui touche à la vie. Il s'insère comme tel dans la vocation et les attributions du poète et du mage.

C'est d'abord de sa propre petitesse que l'homme est censé prendre conscience. Idée richtérienne et baudelairienne s'il en fût ! Toute connaissance devrait déboucher sur l'idée de la vanité des choses. Le vrai sage serait le sceptique méprisant autant le pouvoir des grands que les efforts dérisoires de l'individu pour dépasser sa propre faiblesse :

> L'homme dans son miroir se fait de grands saluts
> Le miroir les lui rend, mais dans son âme obscure
> Il rit .... (*L'Ane*, III, 1084).

Sartre, parlant de Flaubert, raconte que ce dernier ne pouvait se raser devant la glace sans pouffer[24]. Roi de la création, l'être qui se prétend "en plein jour", alors qu'il erre dans le "crépuscule", est-il autre chose qu'un "élu risible", plus proche de l'animal qu'il ne l'imagine (*D*. IV, 681) ? Cette conscience rieuse portant sur soi un regard sans indulgence — et donc l'éminente humilité qui en découle — conditionne la connaissance qu'elle a d'autrui et de son environnement.

Puissance rieuse, par conséquent, qui déborde les données de la bénignité d'antan, et dont Victor Hugo, à l'instar de tous les "prêtres du rire" l'ayant précédé (*Cont*. II, 519), mais de manière plus diversifiée, fait un usage soutenu dans son œuvre. Cette force du rire, souvenons-nous de Cambronne et de Gavroche, le poète la met en relief dans deux textes de facture distincte, à la fois idéologique et apologétique, et rédigés successivement en 1867 et 1869 ... "Le Rire" (*Lyre*, IV, 329-330), premier de ces textes, est une espèce de défense et illustration d'une arme d'une efficacité exceptionnelle :

> L'avenir seul peut rire et seul peut bafouer
> Avec le puissant rire il ne faut pas jouer
> Jupiter qui foudroie, ou Jupiter qui raille,
> Je crains plus le dernier. Le rire est la mitraille.

---

24. J.P. Sartre, *op. cit.*, t. l, p. 682.

Entre la colère et le rire ! ... De par son champ et son potentiel, c'est le dernier qui s'avère être le plus redoutable. Le rire échafaude *l'avenir* en tirant à boulets rouges sur un passé douteux, sur toutes les valeurs frelatées, leur perpétuation et leur extension, faux dieux, lois iniques, régimes politiques de paccotille qui mettent cet avenir en danger. Visant à l'absolu du bon sens, le phénomène refuse le relatif de la médiocrité : "il nargue ce qui boîte au nom de ce qui plane". Le rire croît en puissance, avec le progrès et la lumière. Ennemi des discours creux, de l'ennui et de la tartufferie, il pourchasse la "chienlit", l'erreur, l'imbécillité, l'injustice et l'arbitraire. Il est essentiellement dynamique, à la fois cause et effet de sa propre mise à feu. Pointé sur le futur et l'idéal, le rire est synonyme de *Liberté* et de *Vérité*.

> Il redouble en voyant tout se transfigurer;
> Il fait balle ; il est feu, projectile, étincelle,
> Il crible la routine en retard ; il harcèle
> Tous ces trainards qu'on voit préférer, engourdis,
> Au bel enfant Demain, le bonhomme Jadis.

Conceptualisées dans l'écriture poétique, ces idées seront illustrées deux ans plus tard, dans un texte d'*Actes et Paroles*, consacré au projet de fondation d'un journal d'opposition :

> Ce journal au poing, *Le Rappel*. Ce sera un journal lumineux et acéré ; tantôt épée, tantôt rayon. Vous allez combattre en riant (...) Courage donc, et en avant ! Le rire, quelle puissance ! Vous allez prendre place, comme auxiliaires de toutes les bonnes volontés, dans l'étincelante légion parisienne des journaux du rire (...) Etre souriants et désagréables, telle est votre intention. Je l'approuve. Sourire, c'est combattre. Un sourire regardant la toute-puissance a une étrange force de paralysie. Lucien déconcertait Jupiter.

Le rire mettant la divinité, donc l'absolu du savoir en question, s'avère concept à ce point capital que la philosophie ne pouvait pas ne pas l'intégrer à sa démarche. Modèles du genre, les "encyclopédistes" devaient dégonfler nombre d'"hydres" et de "baudruches" "à coups d'épingle", là où la "massue" se serait révélée inefficace ... "Souveraineté de l'ironie" ... Le 18ᵉ siècle, dans sa lutte inlassable pour le bonheur de l'homme et sa liberté, en a fait un "appel à la lumière" :

Souvenez-vous du coq chantant sur le dos du tigre. Le coq, c'est l'ironie. C'est aussi la France (...) Faites cette évocation des grandes victoire humaines, et comparez aux douze travaux d'Hercule les douze travaux de Voltaire. Ici, le géant de force, là, le géant d'esprit. (*Actes*, 620-621).

"Ironie, vraie liberté ! (...) le sceau de l'esprit humain, l'instrument irrésistible du progrès", notait déjà Proudhon, une vingtaine d'années auparavant[25]. Sans doute, Hugo fait-il ici un retour au rire-morsure. Mais la morsure, en la circonstance, est légitime: elle ponctue et conditionne une lutte *pour,* et non contre l'homme, elle participe à l'amendement du monde. C'est le combat de "l'ange *Liberté*", illuminant d'un "sourire divin" (*Chât.* II, 165) le ciel de toutes les victimes ; celui de la fête révolutionnaire qui s'éveille en riant "dans le tonnerre" (*Chans.* II,996) ; celui du Progrès dont l'hilarité préfigure "le rictus de l'aube formidable" (*D.* IV, 673). Mais c'est aussi l'offensive menée contre la *bêtise* et ses innombrables mandataires, pédagogues-postiches, cuistres, prophètes d'emprunt, charlatans et pseudo-savants, abusant sans vergogne de la crédulité des hommes (*Ane*, III, 1065-1069).

B) Puissance de l'esprit rieur certes, mais qu'il s'agit, d'autre part, de manier avec circonspection, au risque de le voir revenir à ses anciens errements. Hugo, comme Socrate qui cherche à vaincre les sophistes, ne prise l'ironie que si elle est l'arme d'un combat moral, politique ou intellectuel, s'ouvrant au Bien et à la Liberté. Négative, cruelle, instrument de la mauvaise foi et de l'arbitraire, "l'ironie inféconde et morose" de "l'imbécile méchant" (*Ch.Cr.* I, 728-729), "l'ironie idiote", émanation de la calomnie et de la haine (*An.Te.* III, 143) le fait regimber. Ainsi Halley, le "songeur" de la comète, victime exemplaire de cette verve négationiste, fondée sur les préjugés mythiques et la carence de l'intelligence, voit son rêve se briser sous l'impact d'un "formidable et sombre éclat de rire (...) sarcasme atroce" de ceux qui parviendront à métamor-

---

25. P.J. Proudhon, *Les Confessions d'un révolutionnaire, pour servir à l'histoire de la Révolution de Février*, Bruxelles, Méline, Cans et Cie, 1850, p. 287.

phoser le sage en fou, et le non conformiste en damné de la terre (*Lég.N.S.* III, 423-428).

Si la verve ironique des *Châtiments* ou du *Livre Satirique* se justifie indéniablement, il reste qu'au plan idéologique et éthique, Hugo ne paraît y avoir eu recours que forcé et contraint. Certaines des remarques dans *Les Misérables* sur un rire grotesque dénaturé au 19ᵉ siècle[26], seront reprises par le poète à propos de la *satire*, dont la teneur et le style ont subi une mutation analogue :

> La satire à présent, chant où se mêle un cri
> Bouche de fer où sort un sanglot attendri,
> N'est plus ce qu'elle était jadis dans notre enfance,

où elle était "Lumière, Raison, Vérité (...) Bonté dans le courroux et suprême Pitié". S'en prenant aux personnes, et non aux travers humains en tant que tels, la satire est devenue mesquinement agressive, elle a perdu de son caractère universel. S'interdire de rire "à l'heure où râle la victime", cesser d'être une fin pour redevenir un moyen, un instrument de combat, dénigrant les principes et non les êtres, permettraient cependant de revenir à la vocation satirique d'antan (*Vents*, III, 1124-1127). C'est ce à quoi Hugo semble avoir aspiré.

Car la tendance railleuse chez le poète n'est pas gratuitement tendancieuse ou bouffonne, elle se rattache à l'intellect corrigé par une sensibilité profonde ... Les *Châtiments* aiguisent une verve qui constitue pour Hugo, en bon disciple de Voltaire, le seul moyen efficace d'ébranler les fondements de l'autocratie napoléonienne. L'unique façon, également, d'adoucir un tant soit peu chez l'opposant, l'idée du scandale et la souffrance morale ressentie à l'avènement d'un régime honni :

> Je contemple nos temps ; j'en ai le droit, je pense
> Souffrir était mon lot, rire est ma récompense (*Chât.* II, 143)

* *
*

---

26. Voir plus haut, chapitre IV sur *Les Misérables*.

Souffrir relève de l'existence, rire appartient à l'essence. Conscient de cette dualité, le *poète-mage*, incarnation de l'idéal éthique et esthétique, intègre le phénomène à ses principes fondateurs. Le rire a été mandé sur terre, non pour tomber dans la mièvrerie ou stimuler la perversité, mais pour radouber, corriger les vices, inciter l'homme à plus d'humilité. Devoir difficile à remplir et qui se heurtera bien souvent à l'incompréhension railleuse, la critique et la haine d'un environnement fermé aux admonestations du "génie" (*Od.Ba.* I, 216-219).

Alors que le rire du commun se fonde la plupart du temps sur le non-savoir, la prétention à la connaissance, la satisfaction béate de soi, celui du poète, ce "nocher", qui "rit des flots mouvants", se révèle être tout autre. Le poète "pense". Son rire se réfère au *savoir* de celui qui voit loin. Si la multitude des ignorants et des faux sages répand "le doute et l'ironie à flots" sur les rêves du poète, ce dernier n'aura d'autre choix que de poursuivre sa mission : jeter "sa flamme sur l'éternelle vérité" (*Ray.Om.* I, 921-929).

"La Fonction du poète" date de 1839, elle aborde un aspect restreint du motif rieur dans l'idéologie hugolienne, en rapport avec le statut de l'écrivain. Une quinzaine d'années plus tard, le thème acquerra une dimension nouvelle, quasi théologique. Les poètes deviennent des "Mages". Et parmi eux, à côté des prophètes bibliques, des héros antiques, des hommes-océans de la pensée universelle ... les "prêtres du rire" qui communiquent un sens ésotérique au phénomène. Le rire est de l'ordre du transcendental qui porte en lui son contraire. Comment élucider Scarron et Esope, si on fait abstraction de la douleur physique et des étrivières ? Cervantès et Molière seraient-ils ce qu'ils sont, sans négation de la liberté et sans vision pessimiste de la vie ? ... De là, encore une fois, entre tristesse et optimisme, une mosaïque de nuances qui donne à ce concept, à côté de la profondeur, son caractère mystérieux :

> Et voilà les prêtres du rire,
> Scarron, noué dans les douleurs
> Esope, que le fouet déchire,
> Cervante aux fers, Molière en pleurs
> Le désespoir et l'espérance !
> Entre Démocrite et Térence,

> Rabelais, que nul comprit;
> Il berce Adam pour qu'il s'endorme,
> Et son éclat de rire énorme
> Est un des gouffres de l'esprit !

Qu'ils soient "grands éclaireurs", prêtres de la joie de l'amour ou du rire, "rêveurs austères" ou "messies", ces hommes savent-ils eux-mêmes ce qu'ils sont, d'où ils viennent et ce qu'ils représentent ? Leur vrai visage est masqué, ils ne sont pas toujours conscients du sens ultime de leur quête. Participant à la fois du concret et de l'insondable, du fini et de l'infini,

> Ils ont leur rôle ; ils ont leur forme ;
> Ils vont, vêtus d'humanité,
> Jouant la comédie énorme
> De l'homme et de l'éternité (*Cont.* "Les mages", 516-532)

"La vérité est dans le rire" avait affirmé Delphine de Girardin[27]. Victor Hugo confirmera l'orientation ... Si, malgré l'obstacle métaphysique absolu, il existe une vérité relative qui demeure accessible à l'homme, c'est, semble-t-il aussi, dans "le rire éclatant des poètes" (*Lyre*, IV, 360), prémisse au *savoir* et à la découverte, qu'il faut aller la quérir.

27. Voir *Introduction*, note 2.

CONCLUSION

> Car le dedans du masque est encore la figure
> (*Ce que dit la bouche d'ombre*, *Poésie* II, 536).

Si, à en croire les Ecritures[1], "il y a un temps pour tout" ... en l'occurrence, "un temps pour pleurer *et un temps pour rire*", ... le temps de *conclure*, non spécifiquement cité par *L'Ecclésiaste*, n'est censé trouver sa place dans l'ordre universel, qu'en rapport avec la sagesse divine. Sans doute, comme Flaubert qui, plus tard, évoquera la "bêtise", *Kohelet* estimait-il déjà que ce serait "vanité" que de chercher à épiloguer, à mettre un terme à une quelconque œuvre humaine. L'immensité hugolienne, jointe à la fluidité du thème rieur, viendra encore renforcer ce point de vue. D'autant que, si le poète pense avoir quelque prétention à l'exhaustivité, notre étude, elle, n'en a pas vraiment.

Plusieurs aspects, abordés au cours de cette recherche, demandent néanmoins à être précisés.

1. A l'instar de la question posée par Maurice Ménard à propos de Balzac[2], y a-t-il lieu — le problème a été effleuré dans l'in-

---

1. *La Bible*, "L'Ecclésiaste" (Kohelet), chap. 3, versets 1-8, Paris, Colbo, p. 1042.
2. Maurice Ménard, *op. cit.* p. 408.

troduction — de considérer Victor Hugo comme un écrivain comique ? Certes, l'œuvre comporte bon nombre de passages et de personnages humoristiques, ironiques et même burlesques. Aux romans *Han d'Islande, Notre-Dame de Paris, Les Misérables, L'Homme qui rit* ; à certaines pièces, dont *Hernani, Ruy Blas, Le Roi s'amuse* — notre enquête n'a pas abordé le théâtre, Anne Ubersfeld s'étant remarquablement acquittée de la tâche avec *Le Roi et le bouffon* — il faut encore ajouter des textes poétiques, *Les Odes et Ballades, Les Chansons des rues et des bois, Les Châtiments* ou *Toute la lyre*[3].

Mais à côté de cela, dans les œuvres de fiction déjà citées, ainsi que *Bug Jargal, Le Dernier jour d'un condamné* ou de grands poèmes tels *Dieu, La Fin de Satan*, et *La Légende des siècles*, combien de rires aux ramifications variées, d'où la note comique est presque totalement évacuée ; où le rire devient soit *noir*, soit le support d'un questionnement *philosophique* ou *métaphysique* ... Combien de rires également, *insouciants, joyeux*, spontanés, naturels, ouverts à la "vie simple et tranquille", et dont l'œuvre poétique offre de multiples exemples.

C'est pourquoi plutôt que de parler d'un Hugo "comique", concept restreignant, réducteur, nous préférons celui d'auteur "rieur", plus englobant, recouvrant une polyphonie de signifiés, et qui va bien au delà de la notion première du "faire rire". Non pas une œuvre qui fait rire, mais à la limite et dans bien des cas, qui *est rire*.

2. De l'*humour* ou de l'*ironie* de Victor Hugo, aux rires de certains de ses protagonistes, en passant par ceux évoquant *l'accueil, la spontanéité, la joie, le sublime* et *l'ineffable, la force, la souffrance, l'exclusion, la défaite* ou *la victoire, l'indignation, la*

---

3. Pour exemple : "La chasse du Burgrave", "Le Pas d'armes du roi Jean", "La Légende de la nonne" (*Od.Ba.*), "Senior est junior", "Post sriptum des rêves", "Le chêne du parc détruit", "Les tuileries", "A un rat" (*Chans.*), et de nombreux poèmes et chansons de *Toute la lyre*.

haine, la foi, le doute et *la révolte, la cruauté, l'impuissance et la résignation* ... cette étude confirme également notre hypothèse de travail sur deux points essentiels :

— l'impossibilité, d'une part, de considérer le phénomène rieur dans l'œuvre hugolienne, voire dans l'histoire de la pensée en général[4], comme l'illustration d'une théorie unique, aussi prestigieuse et *définitive* soit-elle ;

— la difficulté, d'autre part, d'appréhender cette œuvre en bloc, comme la résurgence de la seule fantaisie de l'auteur ou d'une *Weltanschauung* qui serait essentiellement grotesque.

L'expression rieuse de la pensée de l'écrivain, en effet, s'élargit en un faisceau de nuances dont chacune réfléchit un aspect important d'une vérité recherchée par le truchement de l'écriture. Serait-ce aller trop loin que de prétendre : *Totus in Hugo* ? Il ne nous semble pas ...

La "grimace de la laideur" de Platon ; la dégradation d'Aristote ; l'arme du ridicule de Cicéron ; le carnaval médiéval ; le rire en pleurs de Villon ; "le propre de l'homme" de Rabelais ; la joie mêlée de haine de Descartes ; la "joie pure" de Spinoza ; l'ironie et le "perfidum ridens" de Voltaire ; la "perception d'une supériorité" de Hobbes ; l'espèce d'hygiène mentale de Kant ; "l'idée anéantissante ou infini de l'humour" de Richter ; "le rire désespéré comme celui des démons" de Nodier ; l'implication théologique de Scudo ; "l'accident d'une chute ancienne" de Baudelaire ; une arme contre l'absurdité de Schopenhauer ; la manifestation de l'individualité de Lamennais ; le tendancieux et l'inoffensif, "l'économie d'affect" de Freud ; un remède à la peur de Nietzsche ; "le rire aux déchirantes gammes" de Laforgue ; la "brimade sociale" de Bergson ; "la révolte supérieure de l'esprit" de Pierre-Léon Quint ; l'expression de la liberté de Penjon ; la dégradation des valeurs de Stern ; "une philosophie du non-savoir" et "la donnée dernière de la philosophie" de Bataille ... autant de repères théo-

---

4. Cf. E. Dupréel, "Le problème sociologique du rire" in *Revue philosophique de la France et de l'étranger*, juil.-déc. 1928, p. 222. "Les rires étant multiples, rien ne permet de leur supposer une origine commune" .

riques, parmi d'autres, et dont, nous espérons l'avoir montré, il est aisé de trouver des échos et des répondants dans l'itinéraire emprunté par le poète.

Le parcours du thème rieur indique que chez Hugo, l'exclusive idéologique n'est pas de mise. Et ce, contrairement à un Stendhal qui n'hésitera pas à déclarer : "je désire me faire une idée nette du comique qui est cause du rire. Je veux que cette idée comprenne toutes les espèces de rire"[5]. Dans ce domaine, quoi qu'on en ait, et l'expérience, au delà de l'œuvre hugolienne, ne cesse d'en apporter le témoignage, on ne saurait faire preuve de trop de modestie[6].

3. Hormis les résurgences proprement littéraires ou philosophiques, il serait intéressant, à ce stade, de tenter d'esquisser un profil rieur de l'écrivain, en référence à l'analyse tainienne de la faculté maîtresse ... Profil de base, pourrait-on dire, mais que "les amères dérisions de la vie", et les nombreuses épreuves subies par le poète ne devaient pas laisser intact. En fait, "Maglia" apparaît, dans l'œuvre poétique ou théâtrale, comme une figure peu marquante, un point de repère ou un symbole de portée mineure, n'ayant eu, semble-t-il, de véritable sens que jusque vers les années quarante, seulement. Hugo aurait-il persisté à présenter ce personnage comme l'incarnation de son rire, trois décennies plus tard, après la publication de plusieurs de ses textes particulièrement signifiants ? Rien n'est moins sûr.

C'est pourquoi, d'une certaine façon — l'image s'écarte de la grandiloquence qu'on lui attribue parfois — nous verrions bien le Victor Hugo de la maturité rieuse, de manière plus typée, comme un Jehan Frollo-Gavroche adulte, mitigé de Gringoire et de Mgr Bienvenu, de Conventionnel et de Gillenormand. En d'autres

5. Stendhal, *Molière, Shakespeare. La comédie et le rire*, Paris, Le Divan, 1930, p. 232-233.

6. Certaines tentatives et certitudes d'explication globale, nous l'avons vu, ne peuvent que laisser rêveur ! ... Voir chap. V, note 21.

termes, comme *l'alliage* d'une adolescence burlesque et de son humour, corrigé par l'appoint d'une ironie contrôlée et lucidement désabusée, fruit de l'expérience d'une vie et de la marche du temps. La synthèse devant se faire, plus tard, sous les traits d'un personnage qui occupe dans l'œuvre de fiction une place particulière : Ursus ... l'autre Homme qui rit !

Ursus ou le poète aux prises avec un monde inversé, celui de la confusion des valeurs morales, sociales et politiques de son époque. Son combat pour l'homme est le combat du bouffon de cour qui rit, *mais* dont le rire, malgré sa difformité, est gage de vérité[7]. Contrairement au climat carnavalesque et populaire de *Notre-Dame de Paris*, la fête qu'Ursus donne sur les places publiques d'Angleterre est d'abord individuelle. C'est la fête d'un seul *Fou*, "bateleur misanthrope", philosophe soliloquant, ironiste bougon au grand cœur, mais "sourdement furieux" contre l'essentielle imperfection des hommes et de la Création, bref, un homme "d'opposition", espèce de Socrate mitigé de Diogène, au sourire rare et au rire parfois "amer"[8].

4. Ceci, pour le côté *cour* du portrait rieur de l'écrivain ... Mais lui faisant pendant, il y a chez Victor Hugo, on l'a vu, un côté *jardin* qui dévoile une attitude moins tendancieuse, plus amène, plus naturelle et spontanée. Non pas *l'exclusion*, fût-elle suscitée par les meilleures intentions du monde, mais *l'accueil* : celui du sourire, "ce vestibule de l'humain", et du rire de l'être qui vit, aime, rêve, pense, écrit, agit, sans pour autant se draper dans un sérieux impénétrable ou s'abandonner au pessimisme.

Parmi d'autres, c'est le rire des enfants "qui fait sourire Dieu" (*Lyre*, IV, 344) ; "où flotte une âme, où tremble un rêve (*Art*, III, 719) ; l'épanouissement des "belles aux doux yeux dont le sourire vaut un trône." (*Voix.Int.* I, 842) ; la joie éclatante de "la grande leçon libre d'amour que chacun donne et que chacun reçoit"

---

7. *Marion de Lorme*, Théâtre, Acte IV, 8, p. 786.

8. *L'Homme qui rit*, chap. 1.

(*Vents*, III, 1359). Mais aussi, et conditionnant tous les autres, le rire du poète lui-même, inséré non dans un contexte intellectuel ou philosophique, mais dans une structure proprement *émotionnelle, affective* :

> On parle, on cause, on rit surtout ; — j'aime le rire,
> Non le rire ironique aux sarcasmes moqueurs,
> Mais le doux rire honnête ouvrant bouches et cœurs,
> Qui montre en même temps des âmes et des perles (*Cont.* II, 261-262)

Dichotomie idéologique, entre le "consentement" et le "refus", par conséquent, situant Victor Hugo, assez loin de l'univocité rieuse d'un Balzac qui écrivait en 1831 : "Nous ne pouvons aujourd'hui que nous moquer. La raillerie est toute la littérature des sociétés expirantes" ; ou des Goncourt en 1866, pour lesquels le comique de l'époque, "en son insanité nerveuse" est comparé à "un des modes de l'épilepsie"[9]. La combinaison polymorphe constitue, sans doute, une des caractéristiques essentielles de l'écrivain, le rire étant pour lui, moins un discours ou une position axiomatique, qu' un mode de pensée ou une attitude philosophique.

Une recherche similaire, chez certains des contemporains de Hugo, aurait-elle donné des résultats à orientation comparable dans leur variété ? La chose, bien qu'à prouver, paraît peu probable. Plus que tout autre, sans doute à son époque, théoriciens et philosophes compris, Victor Hugo s'est rendu compte de la fluidité du phénomène et de la difficulté de le saisir dans une totalité synchronique et diachronique. Si Jean-Paul, Baudelaire, Freud ou Bergson peuvent être considérés comme des pionniers de l'idéologie rieuse moderne, Victor Hugo se présente, lui, comme un initiateur dans la peinture et la pratique d'un rire dont l'examen est indispensable pour qui veut prendre connaissance de la richesse et de la profondeur même du thème. Il y a dans la pensée de l'écrivain une tendance qui le rapproche de l'éclectisme traduisant, au niveau philosophique, la dualité essentielle de l'univers. Le rire ne

9. Cité par Philippe Hamon, *op. cit.*, p. 127-133.

peut s'écrire sur le seul mode de la rationalité. *L'émotion, l'imagination*, une grande part de *mystère* doivent y seconder la *raison* pour fonder une vraie compréhension du phénomène.

De là, l'image complexe que le poète en donne, réflétée comme une des expériences essentielles du mouvement dans la vie, comme une mobilité capable de tous les retournements, et où l'homme se reconnaît avec ses multiples façons d'être, de sentir et d'agir[10].

"Purgation cathartique"[11], "remède à la sclérose"[12] de toutes les structures que secrète une société en mal de conformisme et de cynisme éthique et social, émergence de la conscience critique, sensibilité supérieure de son auteur, le rire de Hugo dit *non*, et souvent, il fait mal ... Mais c'est aussi le rire de celui qui *sait*, et peut-être pas moins, de celui qui en toute lucidité, avoue parfois qu'il *ne sait pas* :

> Va, chante ce qu'on n'ose écrire,
> Ris, et qu'on devine, ô chanson,
> Derrière le masque du rire
> Le visage de la raison (*Chans.*, Seuil II, 236)

---

10. Parler "d'absence de réflexion, voire d'une certaine myopie littéraire de la pensée hugolienne sur le rire", comme l'affirme l'auteur d'un article de *Romantisme*, n° 74, 1991, p. 51, est quelque peu expéditif.

11. Daniel Sibony, "Le Rire", *L'Infini*, print. 1985, p. 88-107.

12. Michel Tournier, *Le Vent Paraclet*, p. 196.

BIBLIOGRAPHIE

Certaines des études, ici rassemblées, ont été publiées partiellement, dans des revues ou des recueils collectifs. En voici les références :

"*Han d'Islande,* genèse du rire grotesque hugolien" in *Burlesques et formes parodiques, Biblio 17, Papers on French Seventeenth Century Literature*, Paris-Seattle-Tübingen, 1987.

"Le Rire dans *Notre-Dame de Paris* : de la Fête des fous à la damnation", *Humoresques*, n° 9, Paris, 1998.

"Le Rire dans *Les Misérables* : de la force à la sagesse", *Littératures*, n° 31, PU du Mirail, Toulouse, automne 1994.

"Cet inquiétant rire de l'art" : *William Shakespeare* et l'œuvre critique de Victor Hugo, *Les Lettres Romanes*, XLIX, 3-4, Louvain, 1995.

"*L'Homme qui rit*, un chaos non vaincu de rires noirs", *Littératures*, n° 16, print. 1987.

Ces études ont été revues, *remaniées* et la plupart *développées*. Les autres chapitres figurant dans cet ouvrage sont *inédits*.

I. ÉTUDES GÉNÉRALES

ARAGON, L. : *Traité du style,* Paris, Gallimard, 1980.

BARAZ, M. : *Rabelais et la joie de la liberté*, Paris, Corti, 1983.

BONAVENTURA : *Nachtwachen*, Kieperliener Verlag, Weimar, 1913.

BRUNEL, P. PICHOIS, Cl. ROUSSEAU, A.M. : *Qu'est-ce-que la littérature comparée* ? Paris, Colin, 1983.

CARRIVE, P. : "Le Sublime dans l'esthétique de Kant", *RHLF*, janv.-févr. 1986.

CASTEX, P-G. : *Le conte fantastique en France de Nodier à Maupassant*, Paris, Corti, 1962.

COUFFIGNAL, R. : *"La Paraphrase poétique de la Genèse, de Hugo à Supervielle"*, Paris, Minard, 1970.

COX, H. : *La Fête des fous. Essai sur les notions de fête et de fantaisie*, Paris, Seuil, 1971.

CURTIUS, E.R. : *La Littérature européenne et le Moyen Age latin*, Paris, PUF, 1956.

DIDEROT, D. : *Le Neveu de Rameau*, Œuvres II, Paris, Laffont, 1994.

ECO, U. : *Le Nom de la rose*, Paris, Grasset, 1982.

FIEROBE, Cl. : *Charles Robert Maturin, l'homme et l'œuvre*, Lille III, 1979.

FLAUBERT, G. : *Œuvres complètes*, t. I, Paris, Seuil, 1964.

GENETTE, G. : *Palimpsestes*, Paris, Seuil, 1982.

LAUTRÉAMONT : *Les Chants de Maldoror*, éd. Jean-Luc Steinmetz, poche, Paris, Librairie Générale Française, 2001.

LEVER, M. : *Le Sceptre et la marotte. Histoire des fous de cour*, Paris, Fayard, 1983.

LEVY, M. : *Le Roman gothique anglais*, Paris, 1968.

MAC ANDREW, E. : *The gothic tradition in fiction*, New York Columbia Press, 1979.

MATURIN, Ch. : *Melmoth ou l'Homme errant* in *Romans terrifiants*, Paris, Laffont, 1984.

MAURON, Ch. : *Des Métaphores obsédantes au mythe personnel. Introduction à la psychocritique*, Paris, Corti, 1962.

MILNER, M. : – *Le Diable dans la littérature française. De Cazotte à Baudelaire*, Paris, Corti, 1960.
    – "Le Diable comme bouffon", *Romantisme*, 19, 1978.

PICHOIS, Cl. : *L'Image de Jean-Paul Richter dans les lettres françaises*, Paris, Corti, 1963.

POE, E. : *Berenice. Nouvelles histoires extraordinaires*, Paris, Couard, 1933.

PROUDHON, P.J. : *Les Confessions d'un révolutionnaire*, Bruxelles, 1850.

Ruff, M.A. : "Maturin et les romantiques français", introd. *Bertram ou le Château de Saint Aldobrand*, Paris, Corti, 1955.

Sartre, J.P. : *L'Idiot de la famille, Gustave Flaubert*, Paris, Gallimard, 1971.

Schwarz-Bart, A. : *Le Dernier des Justes*, Paris, Seuil, 1959

Starobinski, J. : *Portrait de l'artiste en saltimbanque*, Paris, Flammarion, 1970.

Taine, H. : *Notes sur l'Angleterre*, Paris, Hachette, 1890.

Tournier, M. : *Le Vent Paraclet*, folio, Paris, Gallimard, 1977.

Ubersfeld, A. : *Le Drame romantique*, Paris, Belin, 1993.

Wiesel, E. : – *La Ville de la chance*, Paris, Seuil, 1962.
    – *Les Portes de la forêt*, Paris, Seuil, 1964.

II. ÉTUDES SUR VICTOR HUGO

Toutes nos références aux œuvres de Victor Hugo, sauf indication contraire, renvoient à l'édition du centenaire, coll. Bouquins, dir. Jacques Seebacher, Paris, Laffont, 1985.

Albouy, P. : – "Rire Révolution" in *Mythographies*, Paris, Corti, 1976.
    – *La Création mythologique chez Victor Hugo*, Paris, Corti, 1985.

Aref, M. : *La Pensée sociale et humaine de Victor Hugo dans son œuvre romanesque*, Paris, Slatkine-Champion, 1979.

Barrère, J.-B. : *La Fantaisie de Victor Hugo*, Paris, Corti, 1949.

Baudouin, Ch. : *Psychanalyse de Victor Hugo*, Paris, Colin, 1972.

Bilous, N. : "La Fiente et la feinte. Idée du mot et travail du texte dans *Les Misérables*" in *Victor Hugo, Les Idéologies*, Serre, 1985.

Biré, E. : *Victor Hugo avant 1930*, Paris, Perrin, 1895.

Brombert, V. : *Victor Hugo et le roman visionnaire*, Paris, PUF, 1985.

Brunet, E. : *Vocabulaire de Hugo*, Paris-Genève, Champion-Slatkine, 3 vol., 1988.

Cellier, L. : "Chaos vaincu, Victor Hugo et le roman initiatique" in *Parcours initiatiques*, Neufchatel-Grenoble, 1977.

Centenaire des Misérables, 1862-1962. Hommage à Victor Hugo, Univ. de Strasbourg, 1962.

DECAUX, A. : *Victor Hugo*, Paris, Perrin, 1984.

DUCHET, Cl. : "Victor Hugo et l'âge d'homme" (*Cromwell* et sa préface), *Victor Hugo, Œuvres complètes*, II, éd. Jean Massin, Club français du livre, 1967.

FLOTTES, P. : *L'Eveil de Victor Hugo*, Paris, Gallimard, 1957.

GAUDON, J. : – *Le Temps de la contemplation*, Paris, Flammarion,1969.
– "Vers une réthorique de la démesure : *William Shakespeare*", *Romantisme*, 1972.

GELY, Cl. : *La Contemplation et le rêve, Victor Hugo, poète de l'intimité*, Paris, Nizet, 1993.

GLAUSER, A. : *La Poétique de Victor Hugo*, Paris, Nizet, 1978.

GOHIN, Y. : – "Présentation", *Han d'Islande, Œuvres complètes de Victor Hugo*, éd. Jean Massin, II, 1967.
– *Victor Hugo*, Que sais-je ? Paris, PUF, 1987.

GROSSMAN, K.M. : *The Early novels of Victor Hugo*, Genève, Droz, 1986.

GUILLEMIN, H. : – *L'Humour de Victor Hugo,* Neufchatel, La Baconnière, 1951.
– *Victor Hugo par lui-même*, Paris, Seuil, 1967.

HEUGEL, J. : *Essai sur la philosophie de Victor Hugo au point de vue gnostique*, Paris, Calmann-Lévy, 1930.

HUGO, A. : *Victor Hugo raconté par un témoin de sa vie*, Paris, Nelson, s.d.

Hugo, le fabuleux, colloque de Cerisy, éd. J.Seebacher, A. Ubersfeld, Paris, Seghers, 1985.

Victor Hugo, "Les Misérables", La preuve par les abîmes, éd. J.L. Diaz, Paris, Sedes, 1994.

Hugo, Les Misérables, éd. Guy Rosa, Paris, Klincksieck, 1995.

Hugo – Siècle, édit. Jean-Claude Fizaine, *Romantisme*, n° 60, 1988.

KADDOUR, H. : "Lecture d'un poème de Victor Hugo", *Humoresques*, n° 13, Paris, 2001.

LAFORGUE, P. : – "Filousophie de la misère", in *Les Misérables, Nommer l'innommable*, éd. G. Chamarat, Orléans, Paradigme, 1994.
– *Gavroche. Études sur les Misérables*, Paris, Sedes, 1994.

LASTER, A. : *Pleins feux sur Victor Hugo*, Comédie française, 1981.

LEUILLIOT, B. : "L'Humour dans *l'Homme qui rit*", in *L'Homme qui rit ou la parole-monstre de Victor Hugo*, Paris, Cdu-Sedes, 1985.

LEUILLIOT, B. : "Préface", *Han d'Islande*, Paris, Gallimard, 1981.

Lire Les Misérables, éd. Anne Ubersfeld et Guy Rosa, Paris, Corti, 1985.

MASSIN, J. : "Présentation", *Le Dernier jour d'un condamné, Œuvres de Victor Hugo*, éd. Jean Massin, Club français du livre, 1967.

MASTERS-WICKS, K. : *Victor Hugo's Les Misérables and the novels of the Grotesque*, Peter Lang, 1994.

Les Misérables, Nommer l'innommable, éd. Gabrielle Chamarat, Orléans, Paradigme, 1994.

MAUREL, J. : – *Victor Hugo, philosophe*, Paris, PUF, 1985.
  – "Miserabelais, une misère barricadée" in *Victor Hugo, Les Idéologies*, Serre, 1985.

MESCHONNIC, H. : *Pour la poétique IV, Ecrire Hugo*, Paris, Gallimard, 1977.

MORISOT, J.C. : "Le Frénétique et le quotidien : Hugo, Zola et le rire de force", *Nineteenth Century French Studies*, vol. 18, 1990.

MOURALIS, B. : "Histoire et culture dans *Bug Jargal*", *Revue des Sciences Humaines*, 149, 1973.

OZWALD, T. : "De Hugo à Mérimée : ébauches d'un rictus romantique", *Romantisme*, 74, 1991.

PESSIN, A. : "Figures de la dérision dans le mythe du peuple" in *La Dérision, le rire, Internationale de l'Imaginaire*, nouv. série 3, 1995.

PIROUÉ, G. : *Lui, Hugo*, Paris, Denoël, 1985.

REYNAUD, J.P. : "Le rire-monstre" in *L'Homme qui rit ou la parole-monstre de Victor Hugo*, Paris, Sedes, 1985.

RIFFATERRE, M. : "Fonctions de l'humour dans *Les Misérables*", *M.L.N.*, déc. 1972.

ROMAN, M., *Victor Hugo et le roman philosophique. Du "drame dans les faits" au "drame dans les idées"*, Paris, Honoré Champion, 1999.

ROMAN, M. et BELLOSTA Ch. : *"Les Misérables, roman pensif"*, Paris, Belin, 1995.

ROSA, G. : – "Jean Valjean (I,2,6) : Réalisme et irréalisme *des Misérables*" in *Lire Les Misérables* éd. A. Ubersfeld, G. Rosa, Paris, Corti, 1995.
  – "Victor Hugo, poète romantique ou le droit à la parole", *Romantisme*, 60, 1988.

SAURAT, D. : *Victor Hugo et les dieux du peuple*, La Colombe, 1948.

SEEBACHER, J. : – "Introduction", *Notre-Dame de Paris, Œuvres complètes* de Victor Hugo, Paris, Laffont, 1985.
  – "Introduction", *Notre-Dame de Paris,* Poche, 1998.
  – *Victor Hugo ou le calcul des profondeurs*, Paris, PUF, 1993.

SPIQUEL, A. : "Eponine au miroir" in *Les Misérables, Nommer l'innommable*", éd. G. Chamarat, Paradigme, 1994.

STAPFER, P. : *Victor Hugo et la grande poésie satirique en France*, Paris, 1901.

TROUSSON, R. : *Le Tison et le flambeau, Victor Hugo devant Voltaire et Rousseau*, Univ. Bruxelles, 1985.

UBERSFELD, A. : – "Les bons et le méchant", *Revue des Sciences Humaines*, avril 1976.
  – *Le Roi et le bouffon*, Paris, Corti, 1974.
  – *Paroles de Hugo*, Paris, Messidor, 1995.

VENZAC, G. : – *Les premiers maîtres de Victor Hugo*, Bloud et Gay, 1955.
  – *Les Origines religieuses de Victor Hugo*, Bloud et Gay, 1955.

ZUMTHOR, P. : "Le Moyen Age de Victor Hugo", Œuvres de Victor Hugo, vol. 4, Paris, Club français du livre, 1967.

III. ÉTUDES SUR LE RIRE

BAKHTINE, M. : *L'œuvre de François Rabelais et la culture populaire au Moyen Age et sous la Renaissance*, Paris, Gallimard, 1970.

BAR, F. : *Le Genre burlesque en France au 18e siècle*, Etude de style, Paris, 1960.

BATAILLE, G. : "Non-savoir, rires et larmes", *Œuvres complètes,* VIII, Paris, Gallimard, 1976.

BAUDELAIRE, Ch. : "De l'essence du rire et généralement du comique dans les arts plastiques", *Œuvres complètes*, Paris, Seuil, 1968, p. 370-378.

BAUDIN, H. : – "Comique et affectivité : l'humour", *Cahier Comique et Communication*, n° 3, Grenoble, 1985.
  – "Aristophane ou la comédie politique", *Humoresques*, n° 5, Paris, PUV, 1994.
  – "Esthétique et comique, le ballet des incompatibles", *Humoresques*, n° 8, 1997.

BERGSON, H. : *Le Rire, essai sur la signification du comique*, Paris, PUF, 1950.

BERTRAND, D. : – *Dire le rire à l'âge classique*, Univ. de Provence, 1995.
  – "Le Burlesque, une esthétique des limites", *Humoresques*, n° 8, 1997.

BERTRAND, D. : « Un nœud énigmatique : de l'horreur et des rires », *Humoresques,* dir. D. Bertrand, n° 14, 2001.

BLOKOR, G. : "Le Rire dans la *Genèse*", *Les Nouveaux Cahiers*, 2, Paris, 1965.

BLONDEL, E. : *Le Rire et le dérisoire*, Paris, PUF, 1988.

BORCH-JAKOBSEN, M. : "Bataille et le rire de l'être", *Critique*, janv.-Févr. 1988.

BOURGEOIS, R. : *L'Ironie romantique*, P.U. Grenoble, 1974.

BRETON, A. : *Anthologie de l'humour noir*, Paris, Pauvert, 1966.

BRUNEL, P. : *Le Rire de Proust*, Paris, Honoré Champion, 1997.

Burlesques et formes parodiques, Colloque du Mans, déc. 1986, éd. Isabelle Landy-Houillon et Maurice Ménard, *Biblio 17, Papers on French seventeenth century literature*, Paris-Seattle-Tübingen, 1987.

Cahier Comique Communication, éd. Henri Baudin, Grenoble II, Drug-diffusion, 1984-1988.

Cahiers Paul Claudel, 2, Le Rire de Paul Claudel, Paris, Gallimard, 1960.

CHAPIRO, M. : *L'Illusion comique*, Paris, PUF, 1940.

COHEN, J. : "Comique et poétique", *Poétique*, n° 1, 1985.

CORNEVIN, E. : « Les monstres pour rire dans la grotte dorée et leurs avatars à l'air libre », *Humoresques*, n° 14, 2001.

DEBAILLY, P. ROBRIEUX, J.J. VAN DEN HEUVEL, J. : *Le Rire de Voltaire*, éd. du Félin, 1994.

DECOTTIGNIES, J. : *Ecritures ironiques*, PU de Lille, 1988.

DEFAYS, J.-M. : *Le Comique, Principes, procédés, processus*, Paris, Seuil, 1996.

DUFRESNOY, Cl. : "Comique et pessimisme : la dérision", *Cahier Comique et Communication*, n° 3, Grenoble, 1985.

DUMONT, L. : *Des causes du rire*, Paris, Durant, 1862.

DUPREEL, E. : "Le problème sociologique du rire", *Revue philosophique de la France et de l'étranger*, juill.-déc. 1928.

DUVIGNAUD, J. : *Le Propre de l'homme. Histoire du rire et de la dérision*, Paris, Hachette, 1985.

EMELINA, J. : *Le Comique. Essai d'interprétation générale*, Paris, Sedes, 1991.

ESCARPIT, R. : *L'Humour*, Que sais-je ? Paris, PUF, 1960.

FERGUSSON, N. : "Le rire et l'absolu dans l'œuvre de Michel Tournier", *Sud*, n° 1, 1986.

FEUERHAHN, N. : *Le Comique et l'enfance*, Paris, PUF, 1993.

FREUD, S. : *Le Mot d'esprit et sa relation avec l'inconscient*, Paris, Gallimard, 1988.

FRIEDEMANN, J. : – *Le Rire dans l'univers tragique d'Elie Wiesel*, Paris, Nizet, 1981.
  – "De Melmoth à Gwynplaine : aspects du rire noir romantique", *Littératures*, PU du Mirail-Toulouse, 22, print. 1990.
  – "*La Genèse* : au commencement était le rire", *Humoresques*, n° 1, 1990.

GLAUDES, P. : "Histoires désobligeantes, histoires drôles" in *Le rire de Léon Bloy*, Paris, Lettres Modernes, 1994.

GOOD, E.M. : *Irony in the Old Testament*, Erdsmann, Michigan, 1972.

GROJNOWSKI, D. : – "Comique littéraire et théories du rire", *Romantisme*, n° 74, 1991.
  – *Au commencement du rire moderne, l'esprit fumiste*, Paris, Corti, 1997.

HAMON, Ph. : *L'Ironie littéraire, Essai sur les formes de l'écriture oblique*, Paris, Hachette, 1996.

HASSOUN, P.L. : "Freud et le rire" in *Freud et le rire*, éd. A.W. Szafran, A. Nysenholc, Paris, Métailié, 1994.

HODGART, M. : *La Satire*, Paris, Hachette, 1969.

HOROWITZ, J. MENACHE, S. : *L'Humour en chaire. Le Rire dans l'Eglise médiévale*, Genève, Labor et Fides, 1994.

Humoresques, éd. J. Stora-Sandor, Nelly Feuerhahn, Paris VIII, 1990-2001.

L'Humour d'expression française, Actes du Colloque Paris Juin 1988, Nice, Z'éditions, 1990.

IEHL, D. : *Le Grotesque*, Que sais-je ? Paris, PUF, 1998.

JANKELEVITCH, W. : *L'Ironie*, Paris, Flammarion, 1964.

JARDON, D. : *Du comique dans le texte littéraire*, Bruxelles-Paris, De Boeck-Duculot, 1988.

JEANSON, F. : *Signification humaine du rire*, Paris, Seuil, 1950.

KAUFFMANN, J. : *Grotesque et marginalité. Variations sur Albert Cohen et l'effet Mangeclous*, Bern, Peter Lang, 2000.

KAYSER, W. : *The Grotesque in art and literature*, Indiana University Press, 1963.

KOESTLER, A. : *Le Cri d'Archimède. L'Art et la découverte de l'art*, Paris, Calmann-Lévy, 1965.

LAPRADE, V. : "De l'ironie et des genres comiques" in *Questions d'art et de morale*, Paris, 1861.

LE GOFF, J. : "Rire au Moyen Age", *Cahiers du Centre de Recherches Historiques*, 3, 1989.

MELMOUX, M.F. : "Fin de siècle, grand mardi gras de l'esprit", *Romantisme,* n° 75, 1992.

MENAGER, D. : "L'Humour rabelaisien", *Humoresques*, n°7, 1996.

MENARD, M. : *Balzac et le comique dans la Comédie Humaine*, Paris, PUF, 1983.

MINOIS, G. : *Histoire du rire et de la dérision*, Paris, Fayard, 2000.

NEWMANN-GORDON, P. : *Corbière, Laforgue, Apollinaire ou le rire en pleurs*, Paris, Debresse.

NOGUEZ, N. : *L'Arc-en-ciel des humours*, Paris, poche, 2000.

PAULHAN, F. : "Le Sens du rire", *Revue philosophique*, janv.-Fév. 1931.

PERRIN, L. : *L'ironie mise en trope*, Paris, Kimé, 1996.

Les Petits maîtres du rire, Romantisme, n° 75, 1992.

PILLET, E. : "Cafés-concerts et cabarets", *Romantisme*, n° 75, 1992.

PIRANDELLO, L. : *L'Humour et autres essais*, Paris, M. de Maule, 1988.

RICHTER (JEAN-PAUL) : *Cours préparatoire d'esthétique*, Lausanne, L'Age d'Homme, 1979.

RIOUT, D. : "Les salons comique", *Romantisme*, n° 75, 1992.

Rire des Dieux, éd. Dominique Bertrand, Clermont-Ferrand, P.U. Blaise Pascal , 2000.

Rire et rires, Romantisme, n° 74, 1991.

ROSEN, E. : *Sur le grotesque. L'ancien et le nouveau dans la réflexion esthétique*, Paris, PUV, 1993.

SANGSUE, D. : – *La Parodie*, Paris, Hachette, 1994.
　　　　　　 – *Stendhal et le comique*, (éd. par), Grenoble, Ellug, 1999.

SAREIL, J. : *L'Ecriture comique*, Paris, PUF, 1984

SARRASIN, B. : "Rire du Diable ou de la diabolisation du rire en occident", *Humoresques*, n° 7, 1996.

SCUDO, P. : *Philosophie du rire*, Paris, 1840.

SMADJA, E. : *Le Rire*, Que sais-je ? Paris, PUF, 1993.

STENDHAL : *Molière, Shakespeare, la comédie et le rire*, Le Divan, 1930.

STERN, A. : *Philosophie du rire et des pleurs*, Paris, PUF, 1949.

STORA-SANDOR, J. : *L'Humour juif dans la littérature. De Job à Woody Allen*, Paris, PUF, 1989.

SYLVOS, F. : "Faux rires romantiques", *Humoresques*, n° 8, 1997.

TIBERGHIEN, G.A. : "Humour et dissolution de l'art", *Romantisme*, n° 74, 1991.

VAILLANT, A. : – *Le Rire*, Paris, Quintette, 1991.
   – "Le rire bête: pratiques sociales et art littéraire", *Humoresques*, n° 7, 1994.

VOELTZEL, R. : *Le Rire du Seigneur. Enquêtes et remarques sur la signification théologique et pratique de l'ironie biblique*, Strasbourg, Oberlin, 1955.

TABLE DES MATIÈRES

Enrichissement typographique
achevé d'imprimer par :
IMPRIMERIE DE LA MANUTENTION
Mayenne
Janvier 2002 – N° 27-02

Dépôt légal : 1er trimestre 2002